2020东北亚经济论坛
Northeast Asia Economic Forum

东北亚
深化改革 合作共赢

——2020东北亚经济论坛专家论文集

东北财经大学东北亚经济研究院 编

Northeast Asia Deeping Reform Win-Win Cooperation

—2020 Expert Papers of Northeast Asia Economic Forum

东北财经大学出版社
Dongbei University of Finance & Economics Press
大连

图书在版编目（CIP）数据

东北亚：深化改革·合作共赢：2020东北亚经济论坛专家论文集／东北财经大学东北亚经济研究院编．—大连：东北财经大学出版社，2021.8

ISBN 978-7-5654-4330-5

Ⅰ．东…　Ⅱ．东…　Ⅲ．东北亚经济圈-区域经济合作-文集　Ⅳ．F114.46-53

中国版本图书馆CIP数据核字（2021）第175827号

东北财经大学出版社出版

（大连市黑石礁尖山街217号　邮政编码　116025）

网　　址：http://www.dufep.cn

读者信箱：dufep@dufe.edu.cn

大连图腾彩色印刷有限公司印刷　东北财经大学出版社发行

幅面尺寸：170mm×240mm　字数：157千字　印张：12.25

2021年8月第1版　2021年8月第1次印刷

责任编辑：李　季　刘慧美　刘东威　责任校对：刘东美

封面设计：冀贵收　版式设计：钟福建

定价：52.00元

教学支持　售后服务　联系电话：（0411）84710309

如有印装质量问题，请联系营销部：（0411）84710711

前 言

2020年，是深入贯彻习近平新时代中国特色社会主义思想和党的十九大精神，落实党中央、国务院关于东北全面振兴、全方位振兴决策部署的重要一年。东北振兴正处在滚石上山、爬坡过坎的关键时期，进一步推动思想观念转变，改革和完善体制机制，打造良好的营商环境，形成优势互补、高质量发展的东北振兴新局面，是摆在我们面前的一项重要任务。

2020年，也是不寻常的一年，新冠肺炎疫情肆虐全球。面对复杂的疫情防控和经济社会发展形势，按照党中央“构建国内国际双循环相互促进的新发展格局”的要求，加速经济转型和产业升级，进一步推进东北振兴和深化东北亚区域合作，实现合作共赢，就成为摆在我们面前的重要任务。为了在当前新的形势下探讨和研究如何有效推动东北振兴和东北亚区域经济合作，促进东北振兴和亚洲合作再上一个新台阶，充分发挥高端智库、高端学术交流平台的作用，东北亚经济研究院联合中国国际商会、新浪财经，于2020年9月5—7日，在线上共同举办了以“东北亚：深化改革、合作共赢”为主题的2020东北亚经济论坛。

论坛设置了主旨演讲、主题报告、新书发布、评选颁奖、企业家演讲、分论坛等六个环节。来自国家发展和改革委员会、商务部、自然资源部、科学技术部、中国人民银行、中国科学院、中国建设银行研究院、辽宁省社会科学院、黑龙江省社会科学院、韩国建国大学、吉林大学、东北大学、对外经济贸易大学、西南财经大学、辽宁大学、江西财经大学、中国东北振兴研究院、腾讯金融研究院、金融时报社、大韩贸易投资振兴公社、中国电子学会、北京国际金融家俱乐部、瑞穗银行、吉林银行、盛银消费金融、东北财经大学等国内外政府部门、企事业单位、科研机构和大中专院校的100余名专家学者参加了本次论坛。论坛围绕有效推动东北振兴、深化东北亚区域合作、实现合作共赢展开深入探讨，为新时代东北全面全方位振兴、融入国家“一带一路”建设献计献策。

本论文集是对与会专家学者真知灼见的集结汇总，按照具体探讨的问题可分为七篇：

第一篇“双循环发展格局下的东北振兴”。从经济发展本质看，构建国内国际双循环相互促进的新发展格局，是利用好国内国际两个市场持续推进我国高质量发展的必然要求。本篇汇集了八位特邀嘉宾的主旨报告，指出了东北在参与国内国际大循环中的优势、问题和解决路径，为东北老工业基地的振兴“号脉开方”。

第二篇“后疫情时代的东北亚区域合作”。新冠肺炎疫情对全球经济造成了巨大冲击，东北亚区域间的国际合作尤为重要。本篇汇集了来自中国、日本、韩国五位专家学者的报告内容，从国际经贸形势、区域合作路径、经济增长模式等方面提出了有针对性的政策建议。

第三篇“东北振兴中的企业力量”。一个地区的振兴，本质是经济的振兴，而经济的振兴要依靠企业的力量。本篇汇集了五位国内外知名企业家的报告内容，将东北企业与全国其他地区企业进行横向比较，从企业运营、市场配置、政府管理的角度，探讨东北企业发展面临的挑战与机遇。

第四篇“东北经济的韧性”。增强经济发展的韧性在有效应对区域经济危机、保持经济增长潜力、提升经济发展活力方面具有重要作用。本篇汇集了东北经济研究领域七位专家学者的报告内容，从推进新区优化发展、土地制度改革、农村农业改革、文化建设、提高区域创新效率、提升经济发展质量等方面，为东北地区经济高质量发展提供理论支撑与实践引领。

第五篇“疫情后的东北产业结构调整”。受新冠疫情影响，东北经济遭遇断崖式下跌，调整产业结构、促进经济复苏成为东北全面振兴的重中之重。本篇汇集了业界五位专家学者的报告内容，从优化产业空间布局、发展数字化转型、深化对外开放等方面，为疫情后东北产业结构的调整提供重要建议。

第六篇“新基建与东北产业结构升级”。在数字经济迅速兴起的背景下，抓住国家推动新型基础设施建设的战略机遇，对东北振兴具有全局性战略意义。本篇汇集了业界五位专家学者的报告内容，为加快东北制造业数字化转型、提升产业链数字化和现代化水平提出了具有针对性的路径建议。

第七篇“金融科技助力东北振兴”。振兴东北经济离不开银行的支持，更离不开金融科技的赋能。本篇汇集了业界四位专家学者的报告内容，从金融科技的实践应用角度，指出了金融科技在解决东北中小企业融资困难、降低不良贷款存量、赋能消费复苏方面具有的重要作用，为促进东北经济转型发展提供科技力量。

本论文集是参加2020东北亚经济论坛所有嘉宾的智慧结晶，既指出了新形势下东北亚区域合作的突破点，又明确了新格局下东北振兴的着力点，为推动东北全面全方位振兴、促进东北亚区域合作共赢贡献思想力量，谨以此论文集对所有嘉宾的热情参与和辛苦付出表示最诚挚的感谢！

东北财经大学东北亚经济研究院执行院长（大连）

施锦芳

2021年4月25日

目 录

第一篇

双循环发展格局下的东北振兴

推进新形势下的东北亚区域经济一体化

戴相龙
中国人民银行原行长

一、新冠肺炎疫情和中美关系的变化不会改变东北亚区域经济一体化的发展方向

东北亚国家和人民在防控新冠肺炎疫情方面一直保持密切沟通与有效合作。在我国倡议下，2020年3月，中日韩三国外长召开疫情问题特别视频会议，5月召开三国卫生部长会议，三国建立了相互衔接的联防联控机制，努力维护必要人员物资往来以稳定区域产业供应链，同时加强信息共享并合作开发药物、疫苗。

东北亚国家防控新冠肺炎疫情取得了成效，确诊率和死亡率处于较低水平。截至2020年8月15日，东北亚六国新冠肺炎确诊人数占总人口的比重是0.06%，其中死亡病例占确诊病例的比重是2.01%。反观全球，确诊人数占总人口的比重是0.28%，约为东北亚地区的4.7倍；死亡病例占确诊病例的比重是3.54%，约为东北亚地区的1.8倍。可见，东北亚国家的此次疫情整体较轻，疫情防控、医治救护工作做得比较好，比一些发达国家做得更好。疫情结束后，东北亚各国关系将会持续改善，这对东北亚区域经济发展非常有利。

中美关系变化后，中日韩三国关系仍将稳定向好。美国在日本和韩国驻有军队，这是在特定历史背景下形成的。中国和韩国没有领土纷争。因此，虽然中美

关系恶化，但东北亚各国军事关系将保持基本稳定。美国时任总统特朗普坚持“美国优先”，实行单边主义政策，不断退出联合国有关组织和国际协议，不仅损害中美两国利益，也损害了美国盟友和其传统友好国家的利益，遭到这些国家的反对。中美关系改变并恶化后，中美贸易量可能会有下降，这给中日韩经济贸易发展、技术合作带来很大空间。中日韩三国互为邻居，文化相近，产业相联，经贸关系长久量大，不会因中美关系变化而发生根本变化。

尽管有疫情的冲击和中美关系的负面影响，但是，东北亚区域经贸联系依然稳定发展。2020年上半年，中日双边贸易额约为1 500亿美元，基本接近2019年的水平；中韩、中俄双边贸易量下降均低于我国对外贸易的总体下降幅度，并在2020年3月以后开始恢复增长。

二、继续推进东北亚区域经济一体化发展

疫情虽然给东北亚国家的经济带来了很大的冲击，但与全球其他地区相比，东北亚地区发展仍处于最好状态。IMF和世界银行都预计，2020年我国经济全年增长1%。对于我国经济2021年的增长速度，IMF预测为8.2%，世界银行预测为6.9%。世界银行预测日本和俄罗斯经济2021年分别增长-6.1%和-6%；韩国和蒙古国经济情况稍好，分别增长-0.2%和-0.5%。疫情过后，亚洲仍是全球经济发展的火车头，中国对全球经济增长的贡献率仍会保持在30%左右。

期盼疫情结束后中日韩能够积极推进自贸区的谈判。近年来，中日韩推进贸易投资自由化和便利化的意愿都明显增强，三国都在近日承诺力争年内签署《区域全面经济伙伴关系协定》（RCEP）。面对疫情给各国经济带来的冲击，早日完成自贸区谈判、降低投资和贸易壁垒，对各国经济尽快复苏并实现稳定增长都十分重要。中日韩自由贸易区的早期收获清单包括汽车制造业、人工智能、机器人制造、现代服务业、通信等项目。未来可通过加快在贸易投资、知识产权、可持续发展等领域的谈判，使中日韩企业从更宽松的市场准入环境中受益。

期盼东北亚各国加强金融合作，促进东北亚区域经济一体化发展。首先，要维护东北亚的金融市场稳定。在我任中国人民银行行长期间，中国最早于2002年与日本、韩国的中央银行开展货币互换。为了应对疫情导致的包括流动性短缺在内的各种金融风险，可能需要扩大中日韩俄等国之间的货币互换规模，加强彼此在扩张性财政和货币政策方面的协调，减少不确定性和汇率波动；扩大人民币、日元、韩元、卢布等货币的直接交易量。其次，要加强东北亚各国金融开放和合作，巩固和完善2005年建立的中日韩环渤海、环黄海10个城市市长联席会议制度，共同促进产业和金融业的合作。中国正在扩大金融开放的步伐，取消证券业、保险业、基金的外方股本比例限制，借此机会支持与东北亚地区有关国家扩大互设金融机构。

三、促进我国东北地区的经济发展

党中央、国务院对支持东北地区振兴制发了一系列重要文件，对东北地区的振兴提出总体要求、长远目标和主要措施。2019年8月，党中央、国务院下发了《中共中央 国务院关于支持东北地区深化改革创新推动高质量发展的意见》。2020年7月，习近平总书记到吉林省进行考察调研。东北振兴的目标不是重建重工业基地，不是追赶东部省市的发展速度，也不是在全国新开辟一个区域经济增长极，而是要求到2035年，东北和全国一样基本实现社会主义现代化。因此，东北振兴既不可坐失良机，也不可操之过急，要坚持循序渐进，局部突破。

从2020年上半年情况来看，东北经济形势不容乐观。据统计，全国有6个省份的地区生产总值在上半年超过2万亿元，19个省份超过1万亿元。但是吉林省和黑龙江省的地区生产总值仅有5 000多亿元，辽宁刚过1万亿元，在全国排第17名。上半年各地经济稳步复苏，二季度经济增速较一季度均有明显回升，其中16个省份的经济增速为正增长，东北三省经济仍为负增长。

在实施第十四个五年发展规划的进程中，发展东北振兴新局面要在以下几方面重点发力：

一是以优化营商环境为基础，全面深化改革，特别是在国有企业和民营企业发展方面有重大突破。

二是提升科技创新能力，大力培育新兴产业。东北三省有望在推动智能制造、集成电路装备、机器人、航天航空、海洋工程及高技术船舶、核电装备领域，以及关键性技术突破和成果运用方面，走在全国前列。

三是构建协调发展新格局。努力把沈阳建成东北地区重要中心城市，提升大连东北亚国际航运中心地位，巩固长春区域创新中心功能，更好地发挥哈尔滨对俄合作中心城市作用，加强东北三省西部和内蒙古东部5个盟市的合作。

四是强化东北经济开放区联动效应。现有的中国（辽宁）自由贸易试验区、中国（黑龙江）自由贸易试验区和新成立的中韩（长春）国际合作示范区需要共同探索园区的产业协作和开放机制。进一步促进东北经济开放区与上海、天津等沿海经济开放区的经验交流和政策联动。

五是争取落实重大建设项目。具体包括与俄罗斯有关部门、地区的合作，如在俄罗斯的远东地区建设出口中国的畜产品基地。

建议东北三省有关部门组织学习习近平总书记在2020年7月视察吉林省四平市时有关农业合作社的讲话，推进生产、供销、信用合作的联合，把一部分商办企业的农产品加工利润和一部分商办金融企业利润回归社员，在促进农户减支增收上有重大突破。

东北老工业基地应发挥自身优势在“双循环”中加快振兴

房爱卿
第十三届全国政协经济委员会副主任、商务部原副部长

习近平总书记指出：要逐步形成以国内大循环为主体、国内国际双循环相互促进的新发展格局。这是在辩证认识和把握国内外大势的基础上，根据我国发展阶段、环境、条件变化所做出的战略抉择，是对我国推进更深层次改革、更高水平开放的一次重大部署，是我国经济迈向高质量发展的重要举措。东北老工业基地应发挥自身优势，在“双循环”中找准定位，抓住机遇，加快振兴。

一、发挥现代流通的先导性和基础性作用，提高供给与需求匹配的质量和效率，促进国内大循环

国内大循环的重点是依托国内市场，打通生产、分配、流通、消费各环节，打通的关键点是发挥现代流通的先导性和基础性作用。

在发达国家，一般都有跨国大型现代流通企业发挥着先导性和基础性作用。比如，美国的沃尔玛连续多年超过石油大王、金融大亨名列世界五百强榜首，亚马逊2020年名列第九位。从我国情况看，经济发达地区现代流通业都很发达，比如北京有京东，江苏有苏宁，浙江有阿里，上海有拼多多，广东有唯品会等。

现代流通一头连着供给，一头连着需求，特别是随着电子商务的发展，流通成为互联网、大数据、云计算的中心，最先反映供给和需求的变化趋势及匹配程

度，是经济的血脉和神经，也是经济的晴雨表，真正成为先导性基础性产业。

现代流通能及时反映消费变化趋势，有效扩大消费。流通的数字化使手机变成了“商场”，购物不受时空限制，高效、便利、实惠的特点大大吸引了消费者，互动性和亲和力很强的直播带货更是大火。进入5G时代，人们通过人机交互、万物互联、虚拟现实等方式，能更好地享受消费体验，个性化、定制化、品质化、品牌化消费已成为一种趋势，新技术、新模式、新业态有效扩大了商品和服务消费。2020年1—7月实物商品网上零售额同比增长15.7%，占社会商品零售总额的25%。现代流通还扩大了就业，提高了消费能力，截至2019年年底，批发零售、住宿餐饮、居民服务、修理和其他服务业就业人数为2.08亿人，占全国就业总人数的26.8%。现代流通已呈现横向聚集、纵向贯通、跨界融合的发展趋势。其结果是流通产业聚集的规模越来越大，汇集的数据越来越多，能提前反映不同人群在什么时间消费了什么，也能从整体上反映消费变化趋势。亚马逊的服装大数据已成为法国、意大利流行时装款式设计的重要依据。要使这一趋势健康发展，必须公平竞争，打破垄断，建立适应数字贸易的监管体系。

现代流通能有效引导生产，推进供给侧结构性改革。现代流通企业不仅把大量的消费数据传导给上游企业，还在打造供应链创新上下功夫：一般是先把有影响力的品牌纳入自身的C2C平台，再从C2C平台中选择具有优势的商品纳入自身B2C自营平台，再从自营平台中选择有发展潜力的商品向供应链上游进行投资，开发设计新产品，推行智能制造。这样做的结果是不断进行创新，推动产业结构不断升级，使数字技术贯穿产品和服务的全生命周期，柔性化、个性化、智能化生产将成为一种常态的制造模式，形成智能供应链和产业链，并从消费互联网向产业互联网发展，这是发展产业互联网特别是工业互联网的重要路径。

现代流通能促进公平竞争，提高市场配置资源的效率。如果我国能尽快界定数字产权，建立与之相适应的法律体系，现代流通不仅可以进行数据交易，社会共享的经济数据也越来越多，企业与企业之间、企业与消费者之间所掌握的信息逐步对称，这样才能进行公开、公平、公正的竞争，才能形成合理的价格机制、合理的初次分配机制、合理的资源配置机制，形成需求牵引供给、供给创造需求的不断创新的经济结构。义乌小商品市场已经转型为现代流通企业，每个商户不仅有实体摊位，还在若干个大型网络平台上开设自己的网页，每一个采购商都能对不同供应商提供的商品进行性价比分析，最后做出合理的决策，每一个供应商都根据同类供应商和采购商的反馈进行价格调整，竞争政策发挥着基础性作用。

东北三省也有大商、欧亚这样比较好的流通企业，但现代流通发展还是比较慢，市场体系建设滞后，影响了东北经济的发展。建议加快现代市场体系建设，大力发展现代流通业，特别是电子商务、数字贸易，推动线上、线下融合发展。通过市场发展带动产业发展是许多地方的经验，如果东北市场发展起来了，才有可能带动原来的优势产业发展起来，如引导装备制造等传统产业升级为经济支柱产业，引导智能机器人等高技术产业发展为战略新兴产业，引导农业、矿业等基础产业成为安全保障产业。有了经济先导产业、经济支柱产业、战略新兴产业、安全保障产业，东北就有优势加入国内经济大循环中。义乌原来是“鸡毛换糖”的地方，建了小商品市场之后，带动了城市化的发展，更带动了产业的快速发展，成为中国和世界商品采购中心，也成为反映世界经济政治变化的风向标。2016年，义乌就准确预测了美国时任总统特朗普的当选，让社会各界刮目相看。

发展东北的市场可借助发达地区的力量，东北应树立“跳出东北振兴东北”的理念，可以搞飞地经济、跨区域合作，把自己的优势与发达地区的优势结合起来形成新的优势，黑龙江自贸试验区哈尔滨片区设立深圳-哈尔滨“创新产业生态核心圈”就是一个很好的思路。

发展东北市场的关键是尽快改善营商环境，虽然近几年营商环境有所改善，但这仍是很多企业不来东北发展的主要原因。建议东北把营造市场化、法治化、国际化营商环境作为“十四五”的重点任务，拿出更大的勇气、更多的举措、更大的力度推进“放管服”改革，破除深层次的体制机制障碍，推进简政放权、清除隐性壁垒、规范涉企收费、保护产权、增强政策的连续性和透明度。

二、发挥地缘经济优势，继续扩大周边开放，促进国内国际双循环

新发展格局绝不是封闭的国内循环，而是开放的国内国际双循环。我国东北接壤的国家发展阶段不同，资源禀赋不同，经济结构不同，互补性很强。虽然近年来世界出现贸易保护主义、单边主义、民粹主义等逆全球化现象，但从长远看全球化趋势是不可阻挡的，而且近年来区域一体化的趋势越来越明显。在欧洲，虽然英国已脱欧，但欧盟一体化程度仍然走在世界的前列。在北美洲，美、墨、加新自由贸易协定已实施。在非洲，44个国家领导人签署了成立非洲自由贸易区的协议。在亚洲，东盟自贸协定已实施多年，近期举行的《区域全面经济伙伴关系协定》（RECP）部长级视频会议承诺，将继续努力推动年内如期签署RCEP。

很多国际研究机构认为，区域一体化趋势的出现是有重要原因的。过去，供应链、产业链的形成考虑的最重要的因素是人工成本，但是随着全球人工成本不断提高和人工智能快速发展，特别是新冠肺炎疫情的出现，机器逐步替代人工是大趋势。孙正义讲，日本要大量引入机器人，因为机器人可以二十四小时不间断工作，如果有3 000台产业机器人投入工作，就相当于为日本增加了9 000万制造业人口。而付给这些机器人的平均月薪仅1.7万日元。在这种情况下，供应链、产业链形成考虑的最重要的因素就由人工成本变为物流成本，也就是空间距离，这将大大促进区域一体化的发展。

东北老工业基地振兴要牢牢抓住区域一体化发展的历史机遇，加大周边开放力度，深度融入共建“一带一路”，形成全方位、多层次、多元化的开放合作格局。

要打造多边双边开放的新高地。山东在20世纪90年代中韩建交时抓住了机遇，与韩国加强了经贸往来和交流合作，使山东的经济上了一个台阶。如果RCEP谈成实施，又是一次大好机遇。RCEP涵盖约47%的全球人口，约32%的

全球GDP，包括货物贸易、服务贸易、投资准入、电子商务、知识产权等内容，合作空间和领域非常广泛。在这个协定中，日韩距离东北最近，高新产业优势明显，而我国市场潜力巨大，有很强的互补性。东北应充分抓住这一机遇，积极开展与日韩的经贸合作。

东北要打造国家平台开放新高地，要充分发挥自由贸易试验区、国家级新区、国家级经济技术开发区、国家级高新区等平台的作用。国家为此出台了很多政策，但没有完全落实。建议在这些区域进一步加大开放力度，倒逼改革，促进创新，打造东北版的新浦东、新深圳。

东北要打造沿海沿边开放的新高地，应做好东北沿海经济带和沿边开放这篇大文章，探索沿海沿边开放发展的新思路、新路径、新方法、新举措，形成我国向北开放的重要窗口和东北亚地区合作中心枢纽，带动东北经济和我国经济的发展。

在新发展格局中激发东北经济发展潜力 推进东北经济振兴发展

韩永文
中国国际经济交流中心副理事长，国家发展和改革委员会原秘书长，湖南省原副省长，湖南省委原常委、秘书长，湖南省人大常委会原党组书记、副主任，国务院参事室特约研究员

近些年来，东北经济发展与其他一些地区相比有些低迷，表现为经济增长速度居于全国中位数以下，经济结构特别是产业结构调整相对滞后，人口和人才外流加剧。新冠肺炎疫情暴发以来，东北三省的经济与全国一样出现负增长，但是与全国其他省市相比，东北在经济复苏过程中的压力很大。2020年上半年，东北地区经济增长只有吉林省增速为-0.4%，高于全国平均增速；黑龙江省经济增速

为-4.9%，辽宁省经济增速为-3.9%，均低于全国平均增速。

研究显示，近些年我国经济发展在地域上呈现南北差距拉大的趋势。与其他发展迟缓的区域相比，东北地区经济发展低迷的原因还包括市场观念、创新机制和市场活力不足的问题。由于活力不足、动力不佳，东北经济发展有优势，但优势没有很好地发挥出来；东北经济发展有潜力，但潜力没有完全激活。东北要做到经济振兴与发展需充分认识自身优势，发挥好自身比较优势，进一步强化市场观念，主动适应国内国际形势变化，抓住“加快形成以国内大循环为主体、国内国际双循环相互促进的新发展格局”机遇，深度挖掘发展潜能，通过深化改革、扩大开放切实增强市场活力，实现自我突破。

一、对东北经济优势的再认识

一个区域的发展，需要借助自身的比较优势，还需要在发展中借助国家乃至全球的发展大环境、大趋势，因势利导，借用外在的优势条件。区域发展的比较优势是辩证的和动态变化的，会因发展要素变化、发展环境变化、改革开放程度和国家战略部署等历史条件而变化。比如，东北有能源优势、农业资源优势、工业基础和制造业基础好的优势、教育与科研特别是理工科高等教育资源富集的优势，其基础条件和资源禀赋是很好的。如果东北能够在国家新的发展战略部署中用好自身的优势，进一步转变发展观念，深化改革、扩大开放，调整和优化市场主体结构，净化市场发展环境，激发市场和创新活力，就能将东北的优势和发展潜力更充分、更好地发挥出来，东北的经济发展就会迈上一个新台阶。我们分析认为，东北的发展优势还包括：

（一）国家高度重视的政策优势

党中央、国务院高度重视东北老工业基地的振兴发展。自2003年东北地区等老工业基地振兴战略实施以来，中央相继出台了支持东北振兴的若干重大政策举措。随着2015年年底东北“振兴”战略向“全面振兴”战略转变升级，中央进一步加大了对东北地区的投资支持，协调推进百余项重大建设项目落地；批复建立了哈尔滨、长春、大连金普、沈抚四个国家级新区，长吉图开发开放先导区、大连东北亚航运中心等多个开发开放平台，以及辽宁自贸区和黑龙江自贸片区等。客观来讲，中央给予东北的政策支持不可谓不多。我们应该看到，东北的振兴发展享受了很多的政策红利。

（二）服务中国制造业强国建设的雄厚工业基础

东北地区工业的发展始于19世纪末。沙俄和日本为了掠夺中国资源、霸占这块肥沃的土地，在东北建造了第一批工业基础设施。军阀张作霖、张学良统治东北时期工业亦有一定发展。新中国成立后，中央政府和东北地方政府大力开展工业化建设，第一个五年计划的156个重大工业项目中有54项放在了东北，超过了项目总量的1/3。东北地区成为“新中国工业的摇篮”。100多年来的工业发展使得东北三省工业基础扎实、技术沉淀雄厚、产业聚集度高，建立起涵盖装备制造、钢铁、石油、化工等重大工业项目的全面工业体系。截至目前，在高端数控机床、大型工业设备制造、石油化工、冶金工业设备制造等领域，东北仍处于国内市场主导或领先地位。

（三）丰富多元的自然资源和创新资源优势

东北地区地域广袤，地理资源好，经济资源多样，森林和农业资源丰富。东北不缺少创新的原生动力，区域内拥有吉林大学、哈尔滨工业大学、大连理工大学、东北大学等一大批重点高校，以及中科院长春光机所、中科院金属研究所、中科院大连化学物理研究所等国家顶级科研机构，培养人才的数量也居全国中高水平，这些都是东北地区实现创新驱动、构建现代化科研创新体系和现代化经济体系的重要基础和条件。

（四）“一带一路”建设走廊的区位优势

东北地区位于环渤海经济圈，是东北亚地区的核心地带，沿边沿海——毗邻俄罗斯、蒙古国和朝鲜半岛，与日本隔海相望，和俄罗斯有长达4 300千米的边境线，是中国内陆赴俄远东地区的必经之地，也是中国面向东北亚其他国家和地区开放的重要窗口。除与境外接壤，东北地区还和境内多个省份相邻，具有承接国内国外的优越地理位置，是我国对外开放的前沿。

但是我们也必须看到，东北在新时代推进高质量发展的进程中，优势还没有得到充分的认识，发展潜力还没有充分发挥出来，有的优势有慢慢丧失的趋势。具体表现在：政策优势尚未完全转化为现实中解放生产力、发展生产力的势能与动能，中央一系列振兴东北的政策实施并不十分顺畅，阻碍区域经济协调发展的难点问题仍然没有得到有效解决；工业优势没有得到有效发挥、创新资源没有被有效激活，一些调查反映东北地区虽然拥有丰富的创新资源，但企业对科技创新重视不足，研发投入少、科研成果转化效率低，新兴技术产业发展缓慢，人才、科研成果及企业外流的现象仍在持续；对外开放平台建设和功能发挥的作用不够，整体对外开放水平较低，2018年东北地区进出口贸易总额仅占全国的3.5%，对外贸易依存度不足19%，低于全国平均水平近15个百分点，实际外资利用金额仅为全国的8.6%，此外，基础设施的互联互通能力也有很大改善空间，综合交通网及对外口岸仍具备较大的发展潜力；经济发展活力不足，关键是缺乏新产业、新业态、新模式与市场有效结合的机制，一些调查显示，近些年东北地区经济发展仍然主要依靠投资拉动，自然资源优势利用也更多集中在矿产资源开采和土地资源开垦上，导致部分地区产业结构单一、经济发展水平相对滞后。

二、双循环新发展格局是东北全面振兴与发展的新机遇

当前，我国经济正处于由高速增长向高质量发展转变的关键时期，内在需求发展空间和提高发展质量的潜力巨大，但释放潜在经济增长的体制性、结构性和机制性障碍仍然很多，外部发展环境不利的压力越来越大，国内消费需求不足、供给结构和质量不优。世界经济正经历深度衰退，国际市场严重萎缩，逆全球化潮流、保护主义、孤立主义、单边主义在一些国家盛行，世界整体环境动荡不安，全球供应链在新冠肺炎疫情的扩散影响下出现本地化、区域化和

分散化趋势。针对这些情况，党中央及时提出了“加快形成以国内大循环为主体、国内国际双循环相互促进的新发展格局”的发展战略。我国具有超大规模的市场，立足扩大国内市场需求、内生循环发展和内外需双循环相互促进，是我们追求高质量、较快发展的独特优势。我们一定要用好这个优势，要认识到双循环新发展格局的构建为东北地区的全面振兴提供了新的机遇和新的发展空间。

以国内大循环为主体，加快构建、完善内需体系，促进国内再生产的有机循环发展，推动国内国际经济双循环，对东北而言，一是有利于东北地区充分发挥幅员辽阔、资源丰富、工业基础雄厚、教育与科研力量强、人口众多的比较优势，深入挖掘区域内市场潜力、科技创新潜力，以及产业链、供应链、价值链发展的潜力，提升经济发展的抗风险冲击和自主可控能力；二是有利于发挥东北工业基础雄厚的优势和潜力，促进要素回流和生产力快速发展，并带动东北经济的体制性、结构性、基础性改革，提升市场化程度，消除体制机制障碍；三是有利于推动东北与其他地区的经济合作，促进按照比较优势原则进行生产力布局和区域协作下的合理产业分工，推动跨区域资源优化配置，从而逐步缩小东北地区与其他地区的发展差距；四是在上述前提下，有利于推进东北形成强大的区域内市场，打通生产、分配、流通、消费各环节的经济联系，形成顺畅的再生产循环，进而大幅度提高居民收入水平和居民社会生活品质，扭转东北区域内人才流失严重的不利局面。

三、关于双循环角度下东北振兴发展路径的几点探讨

2020年7月，习近平总书记在吉林考察时指出，东北老工业基地的振兴发展要“在走出一条质量更高、效益更好、结构更优、优势充分释放的发展新路上实现新突破”，为推进新时代东北全面振兴、全方位振兴指明了道路和方向。在此，本文就双循环新发展格局角度下东北振兴发展的路径谈几点思考。

（一）提高东北地区服务国内市场需求的高质量供给能力

东北地区要通过更加积极的市场化改革、更加开放的脚步增强市场的发展活力，尽快提高服务国内超大规模市场和内需潜能的高质量供给能力，将东北的优势和潜力最大化发挥出来。一是加快构建区域内有机分工、协调发展的自主科技创新体系，按照区域比较优势和需求导向，将区域内较好的理工教育和应用科研资源有效结合起来，为资源和基础比较雄厚的制造业提供创新供给，服务于本区域和全国制造业高级化发展和产业链现代化进程。既要抓住以信息化、数字化、智能化为代表的新一轮产业革命机遇，推动东北传统优势制造业向智能制造、数字经济、新型材料等高科技产业转型；又要致力于巩固传统制造业基础，扩大产品和服务供给市场，做强制造业优势，服务于提升我国的技术“底气”和国内经济大循环所需的产业链供给。二是进一步发挥东北在国家粮食、能源、生态、国防等方面的安全屏障功能。要特别重视黑土地作为“土地中的大熊猫”的独特性，稳定提升粮食生产能力，扩大规模效益，拓展深加工产业链，提高附加值率。在石油天然气等能源安全保障方面，应着力于如何利用好东北地区的自有资源和国际能源市场的多元化建设，在能源储备能力、能源资源深度加工利用上加大投资建设力度。东北军工产业的战略地位和生产能力不可替代，其人才、技术和设备等优势在新时期需要发挥更大的作用，应该在为国防安全提供保障的基础上，大力拓展、深化军民产业融合发展。三是要加快推动林业、湿地、山川河流等绿色生态、“冰天雪地”旅游资源的开发利用。东北有独特的气候环境、自然风光和历史文化遗迹，应尽快将这些资源转化为更加符合国内、国际旅游市场需求的旅游项目，引导、鼓励开发更多的会议、康养、商务、游学等特色化、多元化的旅游产品。

（二）加快融入“一带一路”建设，打造对外开放新高地

东北亚是我国“一带一路”建设的重点延伸区域，东北应面向东北亚，加强与日、韩、俄在科研、技术、制造业等方面的交流合作，将东北打造成贯通东北亚与“一带一路”经济联系的桥梁和纽带，拓展对外开放空间；深度融入“一带

一路”建设，充分利用东北亚国家和“一带一路”沿线国家两个市场、两种资源，多措并举推进东北地区与东北亚各国互联互通，多层面、多层次开展与周边国家的经贸合作，努力打造辐射“一带一路”沿线国家的对外开放新局面。近两年尤其是新冠肺炎疫情暴发以来，不少研究认为“全球产业链东移加速”，中国与包括日本、韩国在内的东亚尤其是东南亚国家之间形成的全球重要制造业基地，是此次疫情中率先迅速实现稳定的地区。这一区域一端连接制造业零部件及半成品来源，另一端连接世界石油、矿物燃料重要产地，中心则是有强大的制造业加工能力的区域。“全球产业链东移加速”会使这一区域从全球加工制造基地转变为全球市场。东北应积极用好老工业基地特别是制造业基地的优势，加速融入这一发展趋势并发挥更大作用。东北要注意用好区域经贸协定，推进我国产业链、供应链与区域内国家化地区开放合作。《区域全面经济伙伴关系协定》（RCEP）谈判在2019年年底已取得突破性进展，《中日韩自由贸易协定》（FTA）谈判也进入实质磋商阶段，如能签约实施、推动东北亚经济一体化，可以给东北振兴带来新的机遇。东北各省应该积极助力国家经贸谈判，深化与日韩等国家的经贸合作，打造东北亚合作循环路径，吸引和利用外来技术及资金发展技术密集型产业，调整、优化区域产业结构，带动其他产业全面发展。

（三）以更高层次开放为抓手，大力优化营商环境，打造市场化、法治化、国际化的新东北

东北应充分重视并切实解决好“投资不过山海关”的问题，可以探索通过新的开放平台建设，加快营商环境的优化升级。新区、自贸试验区、内陆开放型经济试验区等平台是我国新形势下对外开放重要的载体和制度创新平台，也是东北借势推进全方位、高层次改革开放的新平台和新抓手，其核心内涵就是要对标国际高水平的贸易规则，通过开放倒逼改革，通过营造市场化、法治化、国际化的营商环境，探索从依靠要素红利向依靠制度红利转变的路径，要借助这些新的开放平台，坚持高标准、高质量、全方位对外以及对国内其他地区和市场开放，脱胎换骨地改善全区域营商环境。

（四）打造优势互补、合作共赢的产业链和供应链网络

双循环发展新格局要求东北更紧密地与国内其他区域以及东北亚其他国家有机融合发展，共同构建合作紧密的现代化产业链、供应链网络。一是可以考虑将劳动密集型产业向国内西部地区及俄罗斯远东地区或蒙古国进行转移，在做大、做强、做精核心产业和具有比较优势的产业的基础上，推动东北地区企业向研发和营销端升级。二是利用丰富的土地资源，以及富集的理工教育、科研和人才资源吸引东部发达地区制造业企业进入，承接日、韩、俄相对先进的产业转移，积极培育发展新兴产业，加快发展服务业，特别是生产性服务业。三是要特别注意加强与日本、韩国等周边发达经济体共同构建以软件、电子信息、智能产品为主的高技术产业链。四是利用东北雄厚的工业基础和技术沉淀，以及东北亚、欧洲的“一带一路”沿线国家的资源和市场，共同构建资本密集型、技术密集型产业链。

（五）充分重视培育民营经济发展，增强市场活力

改革开放以来的实践证明，民营经济是市场竞争活力所在，也是市场经济发展活力所在。东北经济中民营经济发展不足、地位不高、活力不足是一大短板。要千方百计创造培育民营经济大发展的环境，尽快补齐短板。2020年7月23日，习近平总书记在企业家座谈会上指出“要千方百计把市场主体保护好，为经济发展积蓄基本力量”。东北全面振兴的关键在于激发市场活力——既要有航母级的央企、国企，更要有数以万计的民营企业。虽然东北民营经济发展与其他地区相比存在一定差距，但其自身有着不输其他地区的强烈发展意愿。加速培育东北民营企业发展，一是要继续深化改革，不断完善市场经济体制、优化营商环境，破除阻碍民营经济发展的行业壁垒，实现市场主体多元化；二是要鼓励东北的民营企业积极参与国企改革，推进国有企业股份制改造，大力发展混合所有制经济；三是要重点培育“专精特新”中小微企业，在拓宽融资渠道、提升创新能力、开拓市场等方面予以扶持，争取在优势行业领域打造一批“小巨人”和“单项冠军”企业；四是大力弘扬市场意识强、竞争和创新意识强、社会责任感强的企业家精神，在营造更公平的市场环境、出台更宽松的政策的基础上，鼓励民营企业

家发挥工匠精神、创新精神、进取精神、契约精神和冒险精神，主动辨别市场风险，抢抓危机中蕴藏的机遇。

以新基建为契机推动东北制造业数字化转型

王一鸣
中国国际经济交流中心副理事长

人类的每一次危机都孕育着新的技术变革和发展机遇。在应对新冠肺炎疫情的冲击中，我国以数字技术为基础的新产业、新业态、新模式异军突起，展现出强大的韧性和发展活力。在后疫情时期，全球将迎来新一轮创新高潮，以大数据、物联网、人工智能为核心的新一代信息网络技术将构建新的产业生态，重新定义国际分工和比较优势，形成更强大的创新活力，并对人类生产生活方式产生广泛而深刻的影响。

近年来，我国消费领域数字化转型迅猛发展，涌现出阿里、腾讯、京东、美团等一批平台型企业，但产业领域数字化转型明显滞后。加快5G网络、数据中心、物联网、人工智能等新型基础设施建设，大幅提升数据采集、传输、存储、加工能力，推动信息网络技术与制造业深度融合，促进先进传感技术、数字化设计制造、机器人与智能控制系统等广泛应用，对加快产业数字化转型，以及推动经济发展的质量变革、效率变革、动力变革将发挥不可估量的作用。

东北地区是我国制造业特别是装备制造业的生产基地。东北振兴战略实施以来，东北制造业在激发市场活力和加快转型升级上取得积极进展，但依然面临严峻的内外形势和较大竞争压力。面向未来，在新一轮科技革命加快发展和我国数字经济迅速兴起的背景下，抓住国家推动新型基础设施建设的战略机遇，加快东北制造业数字化转型，提升产业链、供应链数字化和现代化水平，对东北振兴具有全局性战略意义：

一是有利于加快东北制造业转型升级。制造业数字化转型把数据转化为核心生产要素，通过引入新变量、嫁接新技术，促进从研发设计、生产加工、经营管理到销售服务的全流程数字化，加快数字化、智能化技术扩散，推动制造技术变革和创新，为东北制造业转型升级拓展新空间。

二是有利于培育东北经济发展新动能。制造业数字化转型把产业链上的不同企业连成网络，突破企业协作的时空约束，极大地减少中间环节，有效对冲劳动力成本上升，提高生产效率和企业盈利水平，减缓资源环境压力，并通过示范效应吸引更多用户参与，带动制造业数字化、智能化水平全面提升，为东北经济发展注入新动能。

三是有利于推动东北经济高质量发展。制造业数字化转型将重塑东北的产业生态，以数据流吸引人才流、资金流，吸纳和集聚高端生产要素，激活创新潜能，释放东北制造业巨大的存量优势，提高生产效率和全要素生产率，推动生产方式的重大变革，为东北经济高质量发展开辟新路径。

我们应该看到，东北地区信息化总体水平较低，消费互联网发展滞后，高端信息技术人才不足，投资环境吸引力不强，加之制造业数字化转型对数据采集精度、传输速度、存储空间、计算能力和智能化水平的要求更高，东北制造业数字化转型面临诸多挑战，迫切要求抓住国家“新基建”带来的重大机遇，加强战略谋划和统筹协调，筑牢制造业数字化转型的基石。具体措施如下：

第一，加强战略规划和政策引导。把制造业数字化、智能化转型作为“十四五”时期振兴东北的战略支点，面向制造业数字化、智能化转型的战略需求，统筹谋划5G网络、大数据中心、工业互联网建设，加大对新基建的投入和政策支持，拓展新基建应用的广度和深度。

第二，推动新基建产业化应用。加快推进制造企业数字化转型，在数据交换、数据接口、开放模式、数据安全等方面统一标准和规范，打通产业链上下游企业的数据通道，并将生产过程与金融、物流、交易市场等渠道打通，促进供需精准对接，推动形成新基建产业化应用生态。

第三，发挥龙头企业的带动作用。加快推进龙头企业数字化改造，发挥龙头企业数字化转型的示范引领作用，鼓励龙头企业建设工业互联网数字化平台，为中小企业免费提供基础业务服务，并可从增值服务中按使用效果适当收取费用以补偿基础业务投入，推动中小企业“上云用数赋智”，带动中小企业数字化水平提升。

第四，加强数字化人才的培养和引进。依托东北地区的高等院校、科研院所，加大数字化高端人才培养力度，并依托数字化平台留住和引进一批高端信息技术人才。通过调整高等院校专业设置、加强职业技术培训等手段，强化数字化专业技术人员和产业工人的培养，为数字化转型提供高质量人才资源。

第五，形成政府和企业的合力。在传统基建中，政府是主要投资方，融资渠道比较单一。在新基建中，要鼓励市场主体广泛参与，推动政府和社会资本合作，以更好对接终端需求，提高投资效率和技术先进性。

可以预期，推动制造业数字化转型将为东北地区产业转型升级和提升产业链、供应链的现代化水平开辟新途径，为东北经济发展注入新动能，在数字经济时代的竞争中赢得优势、赢得未来。

浅议东北亚区域经贸合作

于平
中国国际贸易促进会原副会长

全球化和区域化是这个时代的特征，相互依存与共同利益仍然是合作的基础和出发点。全球化促进了生产要素的全球流动、国际分工和国际产业的转移，为全球经济发展提供了强劲的动力，而区域化时代应该也是全球化时代的组成部分，或者是它的补充。

在世界贸易组织（WTO）多哈回合谈判未果以后，区域化经贸合作发展势头比较迅猛，而全球化发展有些受挫，进度明显缓慢下来。对于区域化合作来说，可以看到，在全世界有很多协定，包括国家与国家之间、区域集团与区域集团之间、国家群体与国家群体之间的协定。其中，RCEP是东盟主导的《区域全面经济合作伙伴关系协定》，现在各方谈判已经基本完成，有望在2020年签署协议。中日韩自贸区的谈判已经恢复，并在推进中。中日韩自贸区的概念在2002年提出，到现在已有近20年，我们仍期待中日韩自贸区的谈判能够尽快完成。另外，在世界各地包括拉美、非洲、东南亚等很多地区的自贸协定已经签署。金砖国家、上海合作组织、东盟和非盟等多边或区域合作机制，在全球治理体系中也将扮演更为重要的角色。据联合国有关部门的统计，截至2020年1月，全球共有303个区域贸易协定在运作中。据WTO的统计，仅在东亚地区已经谈成或在谈的自贸协定就有上百个。中国积极推进自贸区建设，已同25个国家和地区签署了17个自贸协定，正构建以周边国家为基础、辐射“一带一路”、面向全球的自贸区网络。在当前逆全球化思潮和单边主义泛滥、贸易保护主义抬头、全球化及多边贸易体制遇到困难、全球社会和经济发展受到疫情重大冲击的情况下，区域经贸合作受到了更多的关注。

东北亚区域的相关国家应该抓住机遇，推动区域经济合作加快发展。东北亚作为一个经济区域，人口多、面积大，如果RCEP在2020年能够顺利达成，那将是世界最大的自贸区。东北亚经济区在人口和面积方面为世界之最，东北亚区域的GDP和贸易总量对全世界的经济影响也非常大。据联合国贸易和发展会议的统计，2018年世界货物贸易额增长了9.5%，约为38.6万亿美元。其中，欧洲占37%，东亚占23.6%，北美占13.5%，可见东亚具有很重的分量。中国在东亚地区国家贸易上具有举足轻重的地位，东北亚区域内贸易额占全球总贸易额的30%以上，而且东北亚地区国家之间的双边经贸关系都获得了长足的发展。东北亚区域进出口贸易的持续发展，对推动东北亚各国经济持续快速增长起着重要作用，成为亚洲经济快速发展的引擎。

另外，东北亚地区也是中国对外开放与合作的重要方向。中日韩是东北亚体量大、影响力强的经济体，三国的合作在很大程度上影响着本区域国家之间及对区域外的合作。东北亚区域合作概念的提出及实践历程有30多年了，实际合作中也有不少的进展和成果，但在广度和深度上没有重大的突破，区域合作的谈判与进程不时会出现一些波折和干扰。比如，东北亚地区最重要的中日韩自贸区久谈未果，“东盟+3”“东盟+1”的架构可能成为更大范围自贸安排的铺垫，先外后内的进程明显。东北亚地区自贸谈判的进展明显滞后于亚洲周边的其他一些机制安排。另外，亚太自贸区、RCEP等未来区域合作平台的构思和深化，既是东北亚区域合作的激励力量，也会产生一些分心的效应。

应该说东北亚区域合作发展面临着各种复杂因素——信任缺乏、合作主体层级差异大、没有形成统一战略和一致步调等。东北亚地区复杂的政治生态和当前国际上逆全球化及单边主义势力的抬头，以及本次疫情的影响，使本区域的经贸合作及一体化进程步履蹒跚，近期内很难看到重大成效。当然，有关各方、各国应该继续努力，同时保持足够的耐心。中国是本地区具备较好综合条件和实力的国家，在当前情况下应该以自身的进一步改革和发展，为促进本地区的经贸合作发挥更积极的作用。这同时也是中国东北地区改善营商环境、树立良好形象、扩大对外合作的良机。

东北亚一些国家在第二次世界大战后一段时期内的跳跃性发展，主要得益于相关国家的努力，也同当时国际政治关系调整和某些大国的地缘政治需要相关。东北亚区域合作被提出后，获得了区域内国家的积极回应。为推动东北亚区域合作，中国政府和各地政府也出台了不少政策，提出了不少举措，创造了良好的制度环境和营商条件。虽然东北亚区域合作的进一步发展存在短板及不确定因素的干扰，但不管形势怎样变化，首先要做好国内的事，做好自己的事。当前就是要大力发展服务贸易，稳外贸、稳外资，发展国内外双循环的新格局，做好“六稳六保”的工作。

一、为市场主体，特别是民企和中小微企业营造更好的生态环境

要大力保护和激发中小微民营企业的活力，使它们有主体感、便利感、成就感和安全感，使中小微企业的数量能够得到大幅提升。只有保证中小微民营企业持续发展壮大，才能真正扩大内需，促进国内大循环。生态环境，实际上指广义的营商环境，不仅针对经营活动，还应包括企业生存周期的各个环节，如企业家的社会尊严、活动空间、行业平台等，应该在法治和社会主义核心价值观框架下，不断优化中小企业的生态环境、经营环境。社会主义核心价值观中的“富强、民主、文明、和谐”是指国家的建设目标，“自由、平等、公正、法治”是对美好社会的表述，也应该包括对中小微企业生存经营环境的描述。

民营企业对社会的贡献很大，可以用“56789”来概括，即在税收、GDP、高新技术企业、城镇就业、新增就业方面，民营企业的份额分别为50%、60%、70%、80%、90%。这些贡献应得到政府和社会相应的认可、保障和支持，具体体现在国家和地方的政策法规及对外经贸文件中，如政府扶持企业的优惠政策、财政的转移支付、政府采购的份额、自贸区政策的条款、各种国际合作基金。对外经贸合作文件中都应该有专门针对中小微企业的相应条款，并有可操作、可核查的量化指标。例如，在政府和大公司的采购计划中，应该确定留给中小微企业的采购比例；在对外谈判的新自贸区文件中，应有对中小微企业政策倾斜和优惠便利措施的具体条款。笼统地提企业是不够的，在一些方面的某些业务中，应该具体落实到中小微企业。国家公布的《优化营商环境条例》2020年开始实施，有五个进一步的工作，第一个就是放宽市场准入，这点非常重要。民营中小微企业在平常工作和日常业务中经常碰到的“玻璃门”“弹簧门”“旋转门”现象，要坚决杜绝。也就是说，面向社会的财政支出和政策法规，应尽可能给中小微企业留出适当空间，体现二次分配注重公平的精神。

二、要鼓励并支持企业发起成立更多的经济技术类社会组织，特别是商协会组织

商协会是市场经济发展的产物、伴随品，其数量和质量可反映市场经济的成熟状况。在西方资本主义还处于萌芽的时期，即14—16世纪期间，商会产生，比工业革命早200多年。400多年前，在法国马赛成立的工商会，被认为是世界首个工商会。商会的出现带动了行业协会和其他类似组织的大发展。商协会类社会组织的特点是自愿、自制、自律，它们的工作主要是服务维权、协调会员。

商协会是市场主体活跃度的重要反映和支撑，也有助于减轻政府的压力、增进社会和谐、提升市场效率，有利于国际交流合作。各级政府部门的很多日常工作是考虑如何为企业提供更好的服务、促进维权、公平竞争等，商协会组织完全可以分担这方面的工作，促进社会和谐发展。世界各地的商协会组织在所在地的经济发展中都发挥了重要作用。

我们应努力强化、用好各类商协会和贸易支持机构的服务功能。国际上有许多多边商协会组织，既有官方的，也有民间的。商会多为区域性的，协会多为行业性的，协会的诞生晚于商会，在本文中统一称其为商会。国际上商会有两大体系，基本都是非营利社会组织，中国的商会更接近于德法体系。商会、贸促机构各有特点，不完全一样，但它们的服务共性都是企业需要的、市场不可缺少的。商会更多致力于维权自律、协调代言方面的工作，而贸促机构主要帮助企业拓展市场、发现商机、提高国际化能力、规避风险、解决纠纷等。

另外，还有贸易支持机构为企业提供服务。贸易过程是非常复杂的，涉及政府和社会的很多部门和机构。联合国国际贸易中心有一个定义，把所有同贸易有关的机构统称为贸易支持机构，涉及政府部委、海关、商检、银行、税务、质

检、物流、商协会等。这些机构的服务对中小微企业及行业发展有着重要的意义，能帮助企业降低交易成本、增强活力、提高生存率。国际工商界交流也非常看重商协会、贸易支持机构的作用，用好商协会和贸易支持机构的服务，能使其覆盖尽可能多的企业，使同区域内各个国家的同行建立更紧密的业务关系，强化和规范国际交流合作与竞争的广度和深度。

商会的国际组织是国际商会，它有100多年的历史，总部设在法国巴黎，是联合国和世界贸易组织的咨询机构，设有中国国家委员会，其秘书局设在中国国际商会内。它的主要业务是制定商业规则与规范，提供国际仲裁服务。例如，国际商业术语、合同范本这些国际商界广泛使用的权威文件范本都出自国际商会。另外，国际商会有12个专业机构，涉及贸易投资政策、环境与能源、企业责任与反腐败、知识产权、海关与贸易便利等，同市场秩序、规范运行、公平竞争密切相关，这些是良好经商环境的核心要素。国际商会的工作内容同现在国际上自贸区谈判的新规则和议题都密切相关。现在关税壁垒不多，关税都降得很低，而非关税壁垒是贸易便利化、自由化研究的重要内容。这12个专业委员会的工作内容都与非关税壁垒密切相关，中国工商界应该重视这些专业委员会及其研讨的事项。

贸易促进机构主要是官方机构，最早于20世纪20年代出现在芬兰，30年代以后在国际上大量涌现，它成立的理论基础是凯恩斯理论，即政府要干预市场，支持企业拓展市场。之前的经济学理论认为市场应该完全不受政府干扰，供给能够自然产生需求。后来人们发现供给产生不了足够的需求，所以需要政府的支持，即财政投入，甚至是赤字，进而产生更多的需求来接盘供给产品。贸促机构大部分是非独立机构，隶属于政府的综合管理部门，是政府扶持企业、促进市场发展的产物和手段。起初，贸促机构只是促进出口业务，后来业务逐渐多元化，也促进进口、外资、技术转让、工程承包等业务。

贸易促进机构在国际上也有一个国际组织叫国际贸易中心，1964年在日内瓦成立，是官方机构，由世界贸易组织和联合国贸易与发展会议共同发起设立。

它有三方面的优势，一是政策导向明确，二是规则内容清楚，三是服务针对性强、效果好。它依托于联合国贸易与发展会议的研究和政策，以及世界贸易组织的贸易规则内容，在国际上受到普遍欢迎。国际贸易中心同贸易支持机构也有非常密切的合作。

国际贸易中心提供的主要服务内容有市场分析工具、市场信息、贸易协定地图这三大类。市场分析工具主要是一些静态的研究成果和数字统计，包括政府采购、贸易流向、关税和非关税、吸引外资的政策优惠条件、贸易条件、贸易能力等；而市场信息指动态及时的企业需求；贸易协定地图则涉及一个专项工作，主要是收集自贸协定的条款政策法规，提供给决策者研究参考。国际贸易中心的服务内容是非常实用的。

对于东北地区经济的进一步发展，以及进一步加强东北亚区域合作，其中一个抓手应该是强化各类商协会组织和贸易支持机构的服务功能。做好这项工作的关键，一是政府需要进一步转变职能，释放足够的职能空间，优化政策环境，鼓励发展商协会及专业机构，同时尽可能把一些相关工作委托给社会组织去做；二是在法规上要规范行为，明确责任义务，保障权益，使企业家和企业组织有更加宽容、宽松、安全的生态和营商环境。法律在这方面已有一些规定，可以更宽松一些，东北应该有足够的自信，切实发挥社会工商组织的作用，用好它们的服务，促进民营经济发展，增强市场的活力、企业的活力、经济的张力，为国际工商交流和东北亚区域合作提供更多的通道和平台。

三、积极推动东北亚同其他周边区域互动与合作

中国周边涉及的除东北亚市场外，还有东南亚、南亚、中亚等几大市场。东北亚市场业务可以进一步延伸，同“一带一路”更广阔的空间相对接。东北的许多产品、技术、设备、服务在这些地区有很大需求，可以在较短时间内扩大东北地区国际交流合作的广度和深度。中国现在具备推动东北亚同其他区域合作的各

种条件。目前可以以东北地区为依托，重点推动东北亚同东盟和即将成立的RCEP的区域合作。根据联合国贸易与发展会议2018年的数据，全球货物贸易的依存度为45.2%，东南亚为96.5%，居世界之首。在出口额中，欧洲的出口占世界的38.1%，位列第一；东亚为24.9%，位居第二；北美为11.1%，位居第三；东南亚为7.5%，位居第四。在服务贸易的出口依存度方面，欧洲为48.3%，北美为16.6%，东亚为11.8%，东南亚为6.9%。在服务贸易的依存度方面，东南亚为25.1%，居世界第一。无论是货物贸易还是服务贸易，东北亚、东亚、东南亚在世界上都是领先的，而且相互间也有很多合作商机，可以齐头并进，开展互利合作。另外，中日韩三国都是这三个区域中的经济大国，具有极大的便利性。促进东北亚同东盟及RCEP的合作还可以同中日韩三国自贸区的谈判进行呼应。在这方面，工商界可以先行一步，在政府的支持下，以商协会组织、贸易促进机构及其他相关平台为渠道，开展相关的工作。

另外，要进一步强化东北三省统一的大市场体系，否则有可能出现“见木不见林”的情况。同时，东北要同中国的其他地区形成业务链接，在统一的大市场中淡化行政的块块分治，打造流畅的市场运行机制，设立跨部门、跨地区的市场协调机制，统筹东北地区市场一体化的事宜。东北地区市场一体化的标志应该包含政策透明包容、基础设施融通衔接、生产资料和产品流动畅通及有效便利、中小微企业蓬勃发展、商协会组织作用显著、对外开放与合作更具优势和吸引力等方面。

概括来说，东北亚区域合作的未来是光明的，但路程可能会有些曲折，甚至会有点漫长，我们具备了不少优势，能够克服前进中碰到的困难。在各种措施之中，一个重要抓手就是要发挥好市场主体特别是民营企业和中小微企业的作用，并为社会工商组织的健康发展和发挥作用创造好的环境和条件。

积极推动数字化转型 努力促进东北振兴

许宪春[1] 张美慧[2]
[1]清华大学经济管理学院教授，清华大学中国经济社会数据研究中心主任，国家统计局原副局长
[2]清华大学经济管理学院 博士

一、数字化转型的重要意义

人类社会已经进入数字化时代。数字化正在改变人类的生产方式和生活方式，极大地提升了社会生产力。在数字化的背景下，企业的生产经营方式、政府的治理方式、居民的生活方式已经发生重大变化，并将继续发生更大的变化。世界上许多国家都在抢抓数字化转型的重要机遇，谁先抓住这个机遇，谁就有可能脱颖而出，获得更好的发展，拥有更大的发展空间和更大的话语权。数字化转型可能使世界经济格局发生重大变化。

近年来，经济合作与发展组织（OECD）提出了“走向数字化”（Going Digital）的国际议题，明确了数字化转型促进经济增长和提升福利水平的战略定位。欧盟、美国、加拿大、澳大利亚等发达国家和地区都制定了数字化转型发展战略。党中央、国务院高度重视数字化转型。习近平总书记在“一带一路”国际合作高峰论坛、金砖国家领导人会晤、G20峰会、中共中央政治局集体学习等重要会议上，多次强调数字化转型和数字经济的发展，指出“世界经济数字化转型是大势所趋，新的工业革命将深刻重塑人类社会”，多次强调要“做大做强数

字经济"，建设"网络强国""数字中国"和"智慧社会"。李克强总理在近几年的政府工作报告中多次强调发展数字经济 。可见，国内外均高度重视数字化转型与数字经济的发展，数字化转型与数字经济发展对促进经济增长和增加人民福祉具有重要意义。

二、以数字化为核心技术的新经济新动能在中国经济增长中发挥了重要作用

数字经济迅速增长。根据我们的测算，2008—2017年中国数字经济增加值年均增长14.4%，明显高于同期8.3%的国内生产总值年均增速。数字经济在中国经济增长中发挥了重要作用 。

近年来，以数字化为核心技术的新经济新动能保持快速发展。2015—2019年，高技术制造业增加值年均增长11.0%，高于同期规模以上工业增加值年均增速4.9个百分点；计算机、通信和其他电子设备制造业增加值年均增长11.3%，高于同期规模以上工业增加值年均增速5.2个百分点。2017—2019年，信息传输、软件和信息技术服务业增加值年均增长23.7%，高于同期GDP年均增速16.8个百分点。可见，以数字化为核心技术的行业发展势头良好，并对中国经济增长起到重要的推动作用。

新冠肺炎疫情期间，以数字化为核心技术的新经济新动能在减缓经济下行压力、实现经济增速迅速回升方面发挥了重要作用。首先，以数字化为核心技术的新经济新动能的发展减少了经济下行幅度。2020年一季度，GDP下降6.8%，但信息传输、软件和信息技术服务业增加值同比增长13.2%，拉动GDP增长0.6个百分点。3月份，高技术制造业增加值同比增长8.9%，高于规模以上工业增加值增速10个百分点；电子行业增加值增长9.9%，高于规模以上工业增加值增速11个百分点。所以，如果一季度没有信息传输、软件和信息技术服务业和3月份高技术制造业、电子行业等行业增加值的快速增长，GDP下降的幅度会更大。其

次，以数字化为核心技术的新经济新动能在经济恢复中发挥了重要作用，主要有三个方面突出表现：一是高技术制造业实现快速增长。2020年二季度，高技术制造业增加值增长9.8%，增速比一季度回升14.6个百分点。二是新兴服务业持续快速增长。二季度，信息传输、软件和信息技术服务业增加值增长15.7%，增速比一季度回升2.5个百分点。在线教育、线上办公、网络会议、远程医疗等新模式快速发展。三是电子商务持续发力。2020年上半年，实物商品网上零售额同比增长14.3%，增速比一季度回升8.4个百分点。因此，尽管新冠肺炎疫情给经济带来了严重的冲击，但也为以数字化为核心技术的新经济新动能提供了迅速发展的机会，在减缓经济下行压力、实现经济增速迅速回升方面发挥了重要作用。

三、东北实施数字化转型的重要意义

东北地区传统产业占比大，经济下行压力大，近年来新旧动能转换艰难，增长放缓。推动数字化转型对促进东北地区经济提质增效、转型升级具有重要意义，对提升我国综合国力和在全球价值链中的战略定位也具有重要意义。

首先，东北地区是我国重要的农业生产基地，推动农业数字化转型、充分发挥数据生产要素的作用对推进东北农业高质量发展具有重要意义。一是用数据决策、用数据管理，引导农业生产与销售方式的变革；二是应用农业物联网、农业智能装备等数字技术，实现智能灌溉、精准施肥、病虫害有效防治、农作物长势监测等，提高农业生产效率和流通效率，提升农产品质量，促进农业生产增收。

其次，数字化转型有利于东北工业提质增效。东北地区是我国重要的工业基地，具有完备的工业生产链条和雄厚的工业底蕴，积极推进数字化转型、加快工业互联网布局，对东北工业提质增效、协同推进全国工业数字化转型进程、提升中国在全球价值链中的战略地位具有重要意义。东北地区数字化转型也有非常成功的案例：辽宁大连的大杨集团是全球最大的西装定制企业，其以工厂的智能化改造为手段，实现多品种、小批量、高品质、快速反应的定制化生产模式，具体来说即运用3D技术进行量体裁衣，用户远程通过3D技术进行扫描，相应的数据便可以传送到工厂以进行生产。随着信息技术的不断升级、5G技术的熟练运用，这样的模式可以实现为企业的采购端、生产端及客户端的全链、智能产业互联网平台提供个性化、高效、智能的用户体验，也能够极大程度地提升制造业的生产效率。

最后，数字化转型对提高东北地区服务业质量和水平具有重要意义。在数字经济快速发展的背景下，服务业是促进经济高质量发展的重要动力。东北地区近年来新旧动能转换艰难，增长放缓，除传统农业和工业增长乏力之外，服务业创新不足、产能下降也是不容忽视的原因。加快推进数字化技术在服务业生产端、供给端、交付端、存储端等方面的应用，加强先进制造业和现代服务业“两业融合”，对东北地区提高服务业质量和水平、提升生产效率、增加新型就业岗位、推动数字化转型和新旧动能转换具有重要意义。

近年来，我国先进制造业和现代服务业融合发展快速推进，不同行业、不同企业结合自身特点探索实践，取得了积极进展，涌现了一些融合发展领军企业和典型路径模式，融合发展效应开始逐步显现，成为产业转型升级的重要内容和突出亮点。在装备制造领域，上海电气、陕鼓集团等通过“技术+管理+服务”模式积极发展装备增值服务，加快向整体解决方案供应商转型。在消费品领域，一批企业大力发展个性化定制和全程服务，实现生产流程再造以及与客户的紧密互动。在互联网平台领域，小米有品、网易严选等电商积极探索原始设计制造商（ODM）模式，实现了设计与制造、生产与消费的无缝对接。实践表明，许多企业和行业通过走先进制造业和现代服务业融合发展的道路，焕发了增长新机、释放了增长潜力、推进了动能转换、重塑了竞争优势 。东北具有良好的制造业基础，加速推进两业融合发展有利于提升东北地区的产业链水平、推动制造业高质量发展，有利于拓宽服务业发展空间、促进现代服务业提质增效，对促进新旧动能转换、释放经济增长效应具有重要意义。

四、东北实施数字化转型的若干建议

第一，加强新型基础设施建设，推动数字化转型。新型基础设施建设是以数字化为核心技术的新经济新动能的重要支撑。东北地区应加快新型基础设施建设，包括加强5G基站、城际高速铁路和城市轨道交通、大数据中心、人工智能领域的建设，构建完整的新型基础设施建设体系，为东北地区数字化转型和高质量发展奠定基础。

第二，推动“工业互联网”“两业融合”建设，孕育经济发展的新增长点。东北地区作为我国重要的工业基地，近年来传统工业增长乏力、外需疲软，东北地区对“工业互联网”建设有着更加迫切的需要，应持续推动“工业互联网”建设，促进传统制造业转型升级，提升制造业生产效率，以进一步发挥东北地区的传统工业优势，协同推进全国工业数字化转型进程。同时，东北地区应加速推动“两业融合”建设。先进制造业和现代服务业深度融合将创造出许多新需求、形成许多新产品、衍生许多新服务，从而拓宽服务业增长空间，形成东北经济发展的新增长点。

第三，充分发挥数据生产要素的作用，提升企业运营效率和政府的治理能力。数据已成为数字化转型背景下的重要生产要素。一是东北地区应在加强“新基建”“工业互联网”建设的基础上，重视数据资产开发，引进数据开发应用人才，充分发挥数据在企业生产、运营和管理中的作用，不断提升企业的竞争力和运营效率。二是要发挥数据在政府管理方面的作用，提高政府治理能力和水平，提升政府服务经济社会发展的能力，推动东北地区高质量发展。三是打破企业之间、政府部门之间、政府与企业之间信息封闭的状态，让数据在保守国家秘密、商业秘密和保证个人信息安全的条件下，得到充分开发利用，推动数字经济的发展，提高数字经济对经济发展的带动作用。

第四，加强交流协作，共同面对数字化转型中的挑战。数字化转型具有重要意义，但企业和政府在数字化转型过程中将面临一系列挑战。东北地区的工业、农业有着良好的发展基础，但在数字化转型方面，发展还相对缓慢。一是要鼓励东北地区实行跨省（区）经济合作，提高一体化发展水平。这不仅是国家提出的明确要求，也是数字化转型背景下东北老工业基地实现全面振兴的切实需要。二是要充分借鉴长三角一体化发展、粤港澳大湾区建设的成功经验，抓住数字化转型的时代契机，努力形成一批具有核心竞争力的数字化转型先导产业和产业集群，完善发展数字化产业集群需要的基础设施，提高人流、物流、资金流、信息流、技术流的服务水平，提供相关政策扶持。三是要注重企业产品研发，积极探索数字化转型背景下个性化、智能化、多样化的服务方案，积极引进国内外先进数字化技术和产品制造经验，加强东北地区对内、对外的交流协作，共同应对数字化转型中面临的挑战，推进东北地区数字化转型和高质量发展。

东北振兴与东北亚开放合作

徐林
中美绿色基金董事长，国家发展和改革委员会发展规划司原司长

东北振兴是中国区域发展大格局中不可缺少的组成部分。在过去20多年间，中央政府围绕东北等老工业基地振兴，制定了专门规划，配置了不少资源和政策，做出了不少实实在在的努力，也取得了一定成效。但从最近中国区域经济发展格局的新变化来看，东北地区经济复兴遇到了新的困难，中国南北经济的差距有进一步拉大的趋势。如果这个趋势进一步延续下去，对中国未来10年、20年，特别是面向基本实现现代化要求所应具备的区域发展格局是非常不利的。

在新时期，对东北地区振兴应有新的思考和部署。在中国北方地区中，东北地区有着经济发展条件、工业基础好的特点，当然也有不足。总的来说，值得关注的重点地区比较有限。所以有必要在有限的重点地区，配置足够有效的政策来推动经济发展，这是值得付出努力的。

东北经济是未来北方经济进一步加快发展的重点。新中国的工业基础建设从东北开始，东北地区的优势是在重化工业、机械装备工业领域有着非常好的基础，在制造业体系、产业体系方面有自己独特的优势。围绕这样的优势，未来东北振兴要有一些重点关注的领域。

一、东北未来的振兴要有区域重点

从经济发展的空间和地理分布表现的规律性来看，一个地区的振兴，最终是由这个地区的城市群、城市带、都市圈，或一些中心城市所带动的。这种规律在东北振兴的过程中，也依然需要重点关注。东北所具备的城市群条件有哪些？主要有辽宁沿海的城市带，以及长春、哈尔滨、齐齐哈尔的“哈齐长”城市带。在城市群和城市带地区还有以核心城市为辐射圈的或大或小的都市圈，主要以省会城市为核心。注重这些地区和节点城市的发展，应成为未来东北振兴的区域重点。未来的要素配置、资源配置、产业布局、政策配置等应该围绕这些重点地区来展开，使这些重点地区成为龙头地区，带动更多的要素聚集，吸纳更多的人口和就业，然后产生更大的辐射效应，带动并推动其他地区的发展。

二、东北未来的振兴要有产业重点

每个地区都会根据自己原有的产业基础、要素禀赋条件、要素分工条件来确定本地区的产业结构。东北地区原有的产业基础集中在装备制造业，包括机电产业、汽车制造、飞机制造、石油化工等行业。这些行业应该更好地瞄准市场，特别是国内消费需求升级，从提高竞争力、提高附加值、产品更加精准化和多元化的角度推进行业创新与技术和商业模式改造，让这些传统行业在新环境下能够发挥优势，形成新的增长动能。

此外，东北在信息软件领域也有独特的优势，东北地区相对有优势的一些产业包括机器人、软件、生物医药、数字经济、健康服务等产业，它们都属于未来中国经济发展中增长很快的产业。这个领域的需求增长，远快于收入增长，收入需求弹性远大于1，属于扩张性产业。东北应利用这样的机会，不断创造条件，支持企业迎合国内在这些领域的消费升级和需求升级趋势。

东北的优势产业还包括优质农产品种植业以及基于优质农产品的加工制造业。东北有一些有独特优势的农产品，这些优势得益于当地优良的生态环境和水土资源条件，应该在经营方面有更好的创新，形成品牌优势和优质溢价。东北的特色旅游也有很好的基础，如冬天的冰雪旅游、夏天的乡村旅游及森林生态旅游等，但需要注入更多的服务内涵，使服务更丰富、更优质。例如，冰雪旅游除了满足消费者简单的滑雪需求外，还应提供更多的餐饮、娱乐等满足多样性需求的各色精致服务。对比南方江浙一带的民宿旅游，东北的民宿旅游在服务品质方面有明显的差距，这方面的差距也是东北未来的潜力，值得付出更多的努力，探索更好的经营服务模式，同时一定要有好的市场环境和营商环境来予以保障。

三、东北未来的振兴还应该注重有重点的开放

一是要确立东北未来经济发展在东北亚大格局中的地位。东北亚地区有俄罗斯、日本、韩国、朝鲜、蒙古国，以及中国东北地区。这些国家和地区的最大特点是有差异性和高度互补，俄罗斯西伯利亚地区具有丰富的资源；日本资源稀缺，但是有非常好的技术与服务；韩国的资源也不丰富，但是有很好的技术和服务；朝鲜和蒙古国相对落后，但也有劳动力成本低廉等一些独特的要素资源优势。从经济角度看，如果这种多重优势组合起来的地区能够实现一体化联合开

发，最容易实现优势互补、产业分工。但东北亚区域发展的弱势是政治制度差异较大，地缘政治不稳定。例如，朝鲜半岛的政局不够稳定，韩日之间、中韩之间、中日之间、日俄之间关系也时有不稳定情况，有些国家间还存在领土纠纷。所以应该管控好政治方面、外交方面的分歧，着眼长远，从本地区发展的大格局角度出发，考虑本地的战略协作问题。东北亚地区如果能取得比较好的战略协作，将反过来巩固政治的相对稳定。一旦这个地区稳定协作发展，将有望放大整个地区的发展效应，对中国东北和东北亚地区具有积极作用。

二是要进一步强化东北地区与周边国家的经济合作，特别是边境的一些地区可以共建自由贸易区、经济特区、经济合作开发区等。把各个国家的优势聚集在这些重点合作地区，让这些合作地区成为东北或整个东北亚地区的新的经济增长点，然后产生更好的辐射效用。为了实现开放，中央政府和地方政府要共同努力。可参考南方实行的经济特区政策和海南自由贸易港政策，并根据新时期特点对政策赋予更多内涵，使整个东北地区成为东北亚地区开发开放中一个非常有吸引力的政策洼地，从而将日本、韩国、俄罗斯的优势要素聚集在东北地区。这种政策配备对东北振兴非常关键，值得中央政府和地方政府的相关规划部门、工商部门、货币当局和负责对外经贸合作的部门认真研究对待。

三是要补东北地区的营商环境短板。在东北地区的营商环境中，交通基础设施，如机场、高铁、高速公路没有问题，但软环境有一定不足。在东北经营过公司的一些企业家对东北地区的观感反映出东北商业文化不发达、人情文化突出的问题。相较于商业文化，人情文化是一种落后的文化环境。东北需要改变这种环境，不断培育社会商业文化，使在东北发展的企业家可以基于法律、规则、商业原则得到平等对待。如果过于强调人情文化，营商环境将缺乏可预见性、透明度、规则和制度的保障。人一变环境就变了，环境一变企业面临的不确定性就增加了，这对企业家的未来预期是一个重大的挑战和影响。所以东北地区还需要进一步强化商业文化的培育，使市场机制能够在东北未来的营商环境中，以及企业的发展和资源配置过程中起到更决定性的作用。政府的作用就是维持一个良好的社会环境，维持一个公平的竞争环境，提供更好的公共服务，吸引更多的各类人才到东北来经商发展，这样东北才会对人才等各类要素更具吸引力，东北经济振兴才有希望。

改土地、增收入、扩内需，启动东北经济内循环动力

周天勇
东北财经大学东北亚经济研究院副院长

2020年是中国经济非常不平凡的一年，国际疫情形势严峻，经济下行压力大，供应链受到影响，就业受到冲击，财政收入等一系列国民经济的其他方面都遇到困难。东北更是如此，统计数据显示，南方疫情比较严重的省市经济回升、恢复得比北方快，而北方虽然疫情不是很严重，但经济受影响较大。疫情导致的产业链、人员流动管制等一系列问题，使东北在疫情之后的经济发展和经济改革任务更加繁重。

一、东北是内循环为主，宏观经济重大战略调整的重要区域

东北有1.17亿人口，常住人口的城市化比例达到65%，比全国平均水平高5个百分点左右，人口在全国的占比超过8%。东北还是中国能源、其他资源和重加工工业基地。历史上东北的国有企业多，“一五”期间布局和建设的重大项目多，涉及机车、机床、造船、炼油、石油、煤炭等行业。中国经济要内循环，离不开这些基础工业。最近，习近平总书记提出要节约粮食，而且2020年我国多地发生洪灾，粮食产量也受到不同程度的影响，内循环中非常重要的就是粮食，

而东北是粮食的重要生产基地。东北面积约为145平方千米，在全国国土面积的占比超过1/10，面积大，人口密度小，是使中国经济战略调整有回旋余地的纵深地区。

二、东北的土地要素优势

由于过去东北城市人口多、国有企业多、国有单位多，计划生育对其人口的影响比较大，据估算，未来15年全国每年劳动力可能减少1%，即就业劳动力负增长1%，东北很可能负增长1.5%，而且东北三省还是劳动力流出省，因此东北的劳动力要素优势比不上南方。从资本要素来看，虽然东北这两年投资增长较快，也有投资重点项目，但东北的优势不如南方，这有一些历史或体制方面的问题。另外，东北过去的资本存量，以及国有企业的资产、装备也急需改造和升级。因此，东北的资本要素和南方比有一定的差距。从技术要素看，在北京、上海、深圳、武汉等城市风投和技术创新发展得比较强劲，而东北的技术要素在产品化、市场化方面相对较弱，因而通过技术要素推动经济增长的能力与南方发达地区相比也有一定差距。

东北最有优势的生产要素是土地要素。东北有3.23亿亩耕地，占全国的16%，是我国可利用土地比例最高的地区。而东北人口只占全国的8%，所以土地要素有非常显著的优势。因此，东北要在土地上做文章。东北大量的土地是建设用地，如国有工矿企业的占地、其他各种所有制工商企业占用的土地、农村的宅基地等，所以东北最大的优势是土地要素丰富。

因此，综合来看，在劳动力、资本、技术、土地四大经济产出要素中，东北最丰富、最有优势是土地要素，但需要通过一定的体制机制去培养一定的市场，由一定的企业主体通过要素组合、投入产出，变成产品，在市场上转化为商品，来实现增值。因此，东北最重要的是土地体制改革，只有进行土地体制改革才能盘活土地，才能提高土地的生产效率，才能释放东北土地要素的经济增长新潜能。

三、未来增长的最大潜力来自土地要素，土地要素市场化改革是东北发展的关键

2020年，中共中央、国务院在疫情后下发了两个非常重要的文件：一是《关于新时代加快完善社会主义市场经济体制的意见》，二是《关于构建更加完善的要素市场化配置体制机制的意见》。其中非常重要的一点是提出了土地、劳动、资本、技术、数字等要素要市场化配置。

东北要把握进入小康社会以后经济发展的战略内容，以及经济发展转型、工业化阶段变化等大趋势。2020年我国将完成全面建成小康社会，下一步是要让居民从小康转向富裕。从物质内容来看，小康是要让百姓吃得好一些、住得好一些、穿得好一些、出行方便一些，而富裕是让百姓有更好的房子、更好的汽车，比如居民特别是农村居民有更多、更好的耐用消费品和汽车，这将是一般消费品工业化向资产财富型工业化的一个重大转折。从2021年开始，我们的发展战略将是让居民富裕起来，进入富裕社会。富裕社会消费的重点不仅是质量高的一般消费产品，还包括积累财富所需的不动产、住宅和汽车等。

从每百户居民拥有的汽车数量来看，美国是每百户200辆，日本、韩国是每百户150~160辆，欧洲大概是每百户160~170辆，中国2019年城镇居民每百户拥有43辆汽车，农村居民每百户拥有22辆汽车。汽车社会的门槛是每百户拥有20辆汽车，中期是每百户拥有80~100辆汽车，完全进入汽车社会起码要每百户拥有150辆汽车。因此，中国离成熟的汽车社会还有相当大的距离。

从居住情况来看，我国现有住房大多是高层楼，但是许多富裕国家住房大多是一户建或多层，每户面积很大，我国相比许多国家的户均居住面积要小。因此，下一步首先要让居民有不动产、有财富，而这与土地有很大的关系。

改革不仅要缩小农民和市民的收入差距，也要缩小财富差距、资产差距。现在全国农村居民和城镇居民的财产性收入差距大概是12倍，财富住宅资产差距

大概是18倍。第一项改革要把农民的房屋从生活资料改革成资产，让其有价格、有价值，可以定价，进而能在市场上交易。第二项改革是要让农村的耕地、宅基地等有更长的使用年期，再让其可以作为资产交易，最后要硬化其使用财产权。当然，我们要限制一些宅基地交易，如赌博、吸毒、高利贷等情况下的被迫交易。第三项改革是要给予农民的宅基地更大的建设权、合作权、用途调整权等，如以自有住宅经营农家乐、以自有住宅入股投资建房等。第四是要鼓励农民以地为本创业，比如土地可以折成资产资本作为资本金投资企业，或者以土地资本创办企业，即把土地资本化，使其有产出。

对于农村的耕地，要让其通过交易集中变成家庭农场。可能有人认为，农村土地集中以后会出现两极分化，但是从世界其他许多地方来看，农场、家庭农场等，只要是种粮食，获得的都是一般收入，因为粮食种植只有规模很大，才能获得一般经营居民的中等收入。比如美国，一家农场可能种3 000多亩地，但从收入看，还是中等收入居民，大富大贵的是掌握资本的资本家。农场规模小，粮食生产就没有规模，肯定要亏损破产。

另外，对于农村的建设用地、其他建设用地、林地、园地，可以允许折成股份，让全体农村居民入股，形成土地合作社，即农村里为农民服务的专业合作社，办新型集体经济；允许农村土地折股形成新的股份合作社，如林业股份合作社、建设用地土地股份合作社、水利设施股份合作社等。

四、城镇土地体制改革

东北是国有企业比例高的地区。城镇的国有企业有不少过去无偿划拨的土地，但是现在城市土地没有二级市场，要想对土地进行重新利用，须先将土地交到自然资源部门，重新规划。现实情况是，很多企业员工没有上交的意愿，直接把地拿走也不可行。但是，如果让闲置的土地可以在市场上交易，政府收税、做规划，既可以盘活土地，政府也可以获得税收，企业土地也变成了资产。对于一些运营负债率比较高的企业，土地变为资本，会提高其资本充足率。对于经营比较艰难的企业，土地变成资产就可以用资产进行资本结构的优化，甚至一些需要安置、重整的企业，也可以将划拨土地资产用于支付改革的成本，如用于安置职工等。

另外，国有林场也需要改革。国有林场的属性为不动产，但国有林场的林地经营权、林下经济经营权，可以按照时间（如50年）承包给林业职工，让他们用林地搞林下经济，如种植木耳等，这样就可以把林地盘活。但是要注意蓄积量等问题，不能随便砍木头，承包者要负责林木的生长管理、防火等；也可以把林地经营权变成资产，允许交易、抵押。对于国营农场，效益好的农场继续保持，让其做大做强，生产粮食；常年亏损的，可以收归国有，农地使用财产权可以划给农民，由农民来种地。总之，改革的目的是把东北的土地盘活，使其发挥更大的潜力。

五、改革促进增长和发展的展望

2020年7月30日，中共中央政治局会议提出发展国内国际双循环经济，但是要以国内经济循环为主，东北就是国内经济大循环调整的重要区位。从要素比较来看，东北的土地要素最有比较优势，所以要盘活土地。以下是几个展望：

第一，如果东北的土地要素能盘活、能提高效率、能改革，经济就能获得新的增长，90%的增长潜力来自土地改革。

第二，土地从生产资料和生活资料变成资产，可以扩大债务融资规模。有资产就可以抵押，有抵押就可以向银行贷款，由此可以促进货币、资金的流入，土地盘活就有了流动性。在整个经济循环中，货币、资金是经济的血液，把土地盘活，经济发展就有了血液。

第三，要鼓励居民不仅创业、就业，还要置业。农民要富裕起来，就要有财富、有资产。农民、城市居民能够通过土地资产的盘活增加就业机会、获得财产性收入，扩大内需、消费，不仅可以创业、就业，还要置业，并富裕起来。

东北作为国民经济内循环的重要地区，通过土地改革使农民、市民有收入，消费有需求，产品有销路，而且农民和市民都有资产、有财富，这是东北振兴的关键。

第二篇

后疫情时代的东北亚区域合作

后疫情时代的世界经济与东北亚经济合作

河合正弘（日本）
环日本海经济研究所代表理事兼所长，
亚洲开发银行研究所原所长、教授

首先，新冠肺炎疫情在全世界的蔓延成为世界经济下行的主要原因。特别是在世界经济中心美国，疫情丝毫没有被遏制的迹象。美国2020年第二季度的GDP环比年化增长率下降33%，这是自1947年以来的最大跌幅。由于美国的新增感染人数居高不下，美国经济在2020年7月以后很难实现V字反弹，从新冠危机中恢复需要漫长的时间。根据国际货币基金组织（IMF）在2020年6月份发布的预测，2020年的全球GDP将下降4.9%，其中美国下降8%，欧元区下降10.2%，日本下降5.8%，而中国的经济将增长1%。

在东北亚地区，中国和韩国现阶段成功地控制住了疫情的蔓延。然而随着世界经济的持续低迷，中韩两国想要提高经济增长率并不容易。在日本，新冠感染人数正在持续增加，这成为今后经济活动的不确定因素。从年龄来看，感染人群主要为20多岁和30多岁的年轻人，由于老年人的感染者相对较少，重症患者的人数没有大规模增加。俄罗斯的新冠肺炎感染人数仅次于美国、巴西和印度。除了已有的来自欧美国家的经济制裁和原油价格下跌等因素之外，新冠疫情成为影响俄罗斯经济下滑的新因素。

国际合作对于应对新冠疫情极为重要。开发和普及有效的疫苗和治疗药品对于遏制新冠肺炎疫情的蔓延是必不可少的。我们还需要把疫苗和药品提供给全世界的人。为此有必要以世界卫生组织（WHO）和世界银行为中心开展国际合作。

自2018年以来，在中美贸易战的影响之下，东北亚地区的贸易和投资的振兴成为重要课题。日本、中国、韩国等16个国家参加的《区域全面经济伙伴关系协定》（RCEP）有望在2020年年内签署。本人认为促使印度加入RCEP很重要。另外，推进高质量的中日韩自由贸易协定的谈判工作也是当务之急。关于日本等国家参与的《全面与进步跨太平洋伙伴关系协定》（CPTPP或TPP11），正着眼于发展新的成员国，希望中国和韩国能够认真考虑加入CPTPP。日本和中国已就在第三方市场的企业间合作达成协议，双方有必要推进高质量的项目。此外，日本和俄罗斯正在实施八项经济合作，今后还需进一步稳步推进。日本和韩国应共同努力，不要让历史问题成为制约双方经济合作的绊脚石。

为了支持自由的国际贸易和国际投资，有必要推动世界贸易组织（WTO）的改革，促使其发挥充分的作用。东北亚各国需要为此开展合作，如改进争端解决机制、加强报告的义务以提高贸易政策的透明度、加强知识产权保护、纠正不符合市场经济的贸易惯例和政策、改进发展中国家的定义等，需要改革的课题很多。

如前面所提到的，在2020年美国和欧洲的经济将出现大幅下滑，而中国经济将实现正增长。这意味着中国的GDP追赶上美国的时间将会比预期缩短几年。美国作为被追赶的一方，未来可能会对中国采取更为强硬的立场。换句话说，即使下一任总统换成民主党的拜登，美国对中国的立场和看法估计也不会有太大的改变。当前，中美在贸易、技术、安全保障、政治体制等方面存在严重冲突，这需要妥善处理、持续对话，寻求双方都能接受的解决方案。此外，如果拜登真的成为下届美国总统，希望两国在诸如气候变化和朝鲜无核化等中美共同关心的问题上进行合作。这会使东北亚地区乃至全世界都共同受益。希望中美双方在经济政策、外交政策等各个方面转换方式。

对新冠肺炎疫情后东亚经济增长发展模式的再思考①

李根（韩国）
韩国国民经济咨询委员会副议长，首尔大学比较经济研究中心所长

众所周知，东亚的一些主要国家在过去一段时间取得了辉煌的经济发展成绩，并实现了经济增长和分配方式俱佳的发展模式，得到世人的广泛赞誉，世界银行甚至在1993年曾经出书将其称为“东亚奇迹”。但令人遗憾的是，最近韩国、日本等国家都相继出现了经济增长率下降、分配条件恶化等不良现象。基于本人完成的一些相关实证分析研究，不难发现韩国和日本两国都出现了这样的现象。可以说，两国的发展模式似乎已经接近或等同于英国、美国等所谓的英美式资本主义、盎格鲁-撒克逊（Anglo-Saxon）资本主义，这也意味着过去东亚资本主义模式的终结。

导致这种现况出现的原因是什么呢？本人认为是“金融化”。所谓“金融化”，是指金融资本行业超越制造业行业的现象，如制造业企业不把获得的利润部分用于投资再生产而将其分配给股东，或热衷于获取自身公司股份主导权却忽视扩大投资实施再生产，以及尽管金融收益有所增加但分配条件却进一步恶化等现象。一系列综合性问题使得全社会经济增长率出现了停滞不前的矛盾布局，这基本上可以说是“华尔街股东资本主义”的惯用经营方式。而此次新冠疫情发生后，不难发现这种“华尔街股东资本主义”遭受重创。例如，美国

① 金旭（韩国建国大学KU中国研究院韩中关税与通商研究中心所长）译。

的波音公司在效益不错、利润丰厚时，将全部红利分配给了5大PEF基金，而在新冠疫情发生后，其经营效益遇到困难，只考虑股东利益、伸手向政府要求补贴的行为饱受众人批评。在2020年1月召开的达沃斯论坛上，有人主张应该终结带有时代烙印的“华尔街股东资本主义”模式，推荐欧洲式的利害关系资本主义模式——欧洲通过法律规定，要求对长期持有企业股份的广大股东们给予更多的分红权和表决权，以促使企业从更长远的利益出发完善自身经营、提升自身企业价值等。

随着新冠肺炎疫情席卷全球，经济全球化步伐也急剧放缓。罗德里克教授提出的“全球化悖论”，即一国不可能同时实现民主政治、国家主权和经济全球化的所谓“不可能三角”命题再次浮现。也就是说，随着全球化的退潮，国家可以更加独立地寻求自己的国家主权，谋求自身的民主政治等。若把它与宏观经济层面的“不可能三角”命题联系起来看，就意味着在宏观层面上不可能期待安全资本、汇率、利率等三个命题的自主性同时存在。

因此，本人认为，随着全球化的退潮，应减少过度资本流动的自主性，取而代之的是要确保汇率和利率的自主性，这是东亚或许多新兴国家所需要的政策组合。反观，需要更加警惕的是：当新冠肺炎疫情结束之际，之前大量放宽条件流入市场的资金会成倍增加，会再次出现市场崩溃的可能性，进而引发金融危机。届时，临阵应对恐怕也会出现措手不及的窘境。因此，本人认为应通过微调资本流动性，确保自然汇率和利率的协调机制，这有助于新兴国家经济的稳健发展。

推进大连自由港建设和深化中日合作　实现国内国际双循环

施锦芳
东北财经大学东北亚经济研究院执行院长（大连）、教授、博士生导师

按照党中央“构建国内国际双循环相互促进的新发展格局”的要求，以国内大循环为主体加速东北经济转型和产业升级，深化东北亚区域合作，做好国际循环，最终实现国内国际双循环成为我们需要研究的重要课题。

当前，世界正经历“百年未有之大变局”，单边主义和贸易保护主义充斥着个别国家，逆全球化形势明显，国际经贸秩序和规则遭到破坏。与此相比，东北亚区域局势日趋稳定，中日关系也进入新的历史阶段。在这种情况下，大连发挥独特地缘优势，以中日经贸合作为突破口推进大连自由港建设，促进东北经济发展及推动东北亚区域经济合作具有重要意义。

从中日两国看，日本一直是中国对外贸易及投资往来的重要伙伴。改革开放40年间中日两国贸易额增长了约68倍，双向投资也取得了长足发展。2019年是新中国成立70周年，也是日本“令和”时代开启之年，经过多年的合作与磨合，中日经贸关系在坚实的基础上已形成互惠互补的良好局面。

大连地处东北亚经济圈中心，在对日贸易投资合作上具备独特区位优势，且由于大连和日本在全球价值链上的产业空间具有互补特性，大连已成为中国东北地区对日经贸合作的重要窗口与门户。同时，党的十九大报告提出，赋予自由贸易试验区更多自主权，探索建设自由贸易港。因此，依托2017年4月1日挂牌成立的辽宁自由贸易试验区的建设改革经验，利用大连的良好港口条件和基础优

势，探索大连自由港建设的政策措施和实施路径，并加快将其打造成为利于中日经贸合作及推动东北振兴的前沿阵地具有重要的现实意义。

一、中日经贸合作现状及特征

（一）中日经贸合作现状

从双边贸易看，中国分别在2002年、2007年和2009年超过美国，成为日本最大的进口对象国、最大贸易伙伴国和最大出口对象国。从双边投资看，中日互为重要投资对象国。2019年11月在上海举办的第二届中国国际进口博览会上，有364家日本参展商进驻，参展商数量居所有参展国家和地区之首。日本企业积极参加中国国际进口博览会，助力中国与日本双边贸易、投资的进一步开展。

（二）辽宁与日本的经贸合作现状

辽宁与日本的经贸合作历史源远流长，近年来，日本一直位居辽宁贸易伙伴前三位，2018年居首位，超出第二位美国51.2亿美元。《2019年中日贸易投资合作报告》显示：辽宁与日本的区域贸易合作指数在全国排名第六，在东北三省中位居第一。

具体而言，从贸易合作来看，2010—2018年辽宁和日本进出口贸易整体走势较为平稳，2018年进出口贸易额为163.5亿美元，与2010年相比有一定涨幅。与国家层面进出口贸易额走势类似，2013年以来，辽宁和日本进出口贸易额连续3年呈下降趋势，2016年开始止跌回升，2018年辽宁自由贸易试验区所带来的贸易便利化等影响使其与日本的对外贸易潜力进一步释放。目前，辽宁和日本的贸易情况保持良好的态势。

从辽宁吸引的外资来看，2010—2013年辽宁实际利用日本外商投资呈上升趋势，增幅较大。而2014年以后，整个东北地区鉴于老工业基地资源、结构、体制的衰退，经济增长出现“断崖式”下滑，辽宁也不例外，加之产业结构调整和人才流失等因素的影响，日本对辽宁的直接投资出现大幅下滑。2018年，辽宁共获得外商直接投资49.0亿美元。其中，实际利用日本外商投资额为2.4亿美元，位居辽宁引进外资的第一位。

可见，无论是贸易还是投资，日本均是辽宁最重要的合作伙伴，由此，积极推动辽宁与日本的经贸合作对辽宁开放型经济建设至关重要。

（三）辽宁与日本经贸合作的特征

第一，产业内贸易特征明显。机电产品、钢材、石化、农副产品是辽宁对日出口的支柱产品。与此同时，机电产品、汽车零配件、医药品等在日本对辽宁出口中占比较高。

第二，外资利用地区与产业分布不平衡。首先，从地区分布来看，辽宁各地区利用外资状况存在较大差异，2018年大连利用外资规模居辽宁第一位，为26.78亿美元，占总额的54.71%，高出第二位沈阳25个百分点。其次，从辽宁利用日资情况来看，截止到2019年日本在辽投资企业累计超过7 000家，2/3以上的日企位于大连。另外，从产业分布来看，吸收和利用日资所占比例最大的为第二产业。

第三，日本对辽宁投资走势下滑，但产业结构日渐优化。2013—2018年，日本对辽宁投资规模下滑明显且幅度较大，但是投资领域却涉及高端装备制造、医药、新能源等产业，极大地提升了辽宁的主导产业、先进制造业和现代服务业等产业的竞争力，为进一步优化辽宁的产业结构提供极大助力。

综上可知，大连是辽宁对外开放的排头兵，更是中国面向日本开展经贸合作的重要窗口，如何发挥大连的作用将是进一步深化中日经贸合作的关键。在此背景下，推进大连自由港建设、发挥大连桥头堡作用成为中日经贸合作新突破的重要抓手。

二、大连建设自由港的优势及需要破解的难题

2018年4月，党中央确定在海南全岛建设自由贸易试验区和中国特色自由贸易港。2020年6月1日《海南自由贸易港建设总体方案》正式公布。海南自由港建设的推进，将培育新的竞争优势，为全球自由贸易港建设注入新的活力。

依托大连的区位优势、港群基础、航运产业、开放条件及辽宁自由贸易试验区建设的经验，启动自由港建设，是打造我国东北开放型经济新高地的重要举措。大连具备建设自由港的诸多优势，主要体现在以下几个方面：

第一，大连是东北经济区最大的口岸城市，大连港是东北地区最大的货物转运

枢纽港和中国北方重要的对外贸易港口。大连具有建设成为自由港的天然地理位置和港口条件优势，且历史上曾三次被宣布为自由港，具有地缘优势和历史积淀。

第二，改革开放后大连经济迅速发展及辽宁自由贸易试验区积累的成功经验为大连自由港建设奠定了良好的经济基础。

当然，对标国际社会高水平的自由港，大连在推进自由港建设方面目前还存在着以下不足和差距：

第一，大连服务贸易总额占地区生产总值的比重过小。

第二，大连具备发展转口贸易的自然条件，但人文条件需要进一步完善。

第三，为自由港保驾护航的法律法规尚不健全。

三、推进大连自由港建设的思考

第一，紧抓中日两国的经贸合作契机，带动大连自由港建设。

第二，充分发挥辽宁自由贸易试验区的示范引领作用，加快探索建设大连自由贸易港。

第三，加快推进东北亚国际航运中心建设。

新冠肺炎疫情背景下辽宁省与日韩合作的新形势

崔岩
辽宁大学日本研究所教授、博士生导师

近年来，辽宁省作为与日韩经济合作比较密切的地方省份，提出要“深耕日韩”，即加强与日韩的经济合作，以此作为扩大对外开放和实现东北振兴的重要策略。在此政策精神的作用下，辽宁与日韩经济合作出现了良好的态势。但是2020年与日韩的合作无疑遭遇了新冠疫情及其引发的国际关系的重大变化的冲击，其影响何在，今后走向如何，本文有以下几点看法。

一、新冠疫情折射的东北亚地缘关系及其对合作产生的影响

近年来，中国与日本、韩国的双边关系实现了明显转圜，而且步入正常发展轨道，在良好的双边关系的支撑下，经济及社会各个领域出现了活跃的交流态势。新冠疫情的发生也在一定程度上反映了民间积极交流的地缘关系的一个侧面。中日韩三国作为东北亚地区的重要邻国，长期以来形成了在人文、经贸等多领域密切交流的紧密地缘关系。新冠疫情发生后更清晰地反映了这种密切地缘关系下的命运共同体关系。

首先，在人文领域，大量的人员往来深化了中日韩的人文交流。在抗击新冠疫情的过程中，中日韩三国展开了从官方到民间的良好的相互支援与合作，无疑将对今后三国在社会经济领域深入合作发挥积极的促进作用。但是，民间交流只是国家关系的一个部分，国家关系更主要地取决于国家利益的综合考量。新冠疫情反映的东北亚政治、经济方面的地缘关系，既有积极的一面，也有消极的一面，对于今后的合作与交流具有重大影响。

其次，在政治方面，中国与日本、韩国的双边关系基本上保持着既有的良好发展态势。三国多次召开双边或多边的外长及相关部门领导会议，就合作抗击新冠疫情达成了高度共识，并在三国政府的大力支持下推进民间合作。但是，我们不得不看到，在国际局势出现新的重大变化的情况下，日本在有关中日关系方面出现了许多不协调音，这对中日关系的发展与各个领域的合作会产生不利影响。

中日、中韩关系出现的问题，是在新冠疫情危机下美国特朗普政府对中国进行极限施压，导致中美关系极度恶化的背景下出现的，这反映了东北亚地缘关系

的复杂性和关系好转存在的脆弱性，也是中国与日本、韩国关系发展存在的结构矛盾的表现。在今后世界格局不发生重大结构性变化，即美国单极主导的情况下，日韩两国在政治外交方面仍将以与美国的同盟关系为轴心，日韩两国的对外战略仍将跟随美国。中日韩三国作为东北亚的邻国，存在着历史问题、领土争端及区域安全问题，它们将继续作为影响中日韩三国关系的显性因素发挥作用。

再次，在经济领域，长期以来，中国与日韩两国在基本稳定的国际关系条件下形成了紧密的经济关系。在中国经济持续高速增长的过程中，日韩有效地利用了中国经济发展的红利，在与中国的经济交往中获得了巨大的利益，形成了高度融合的经济关系。中国巨大的市场规模及中日韩及东亚区域经济合作的快速发展，使得日韩在经济领域对中国有较强的依赖。在逆全球化的潮流下，日韩与中国加强合作、维护世界多边自由贸易体制和加强三国间的经济合作，是三国的共同利益所在。日韩两国也难以像美国那样实施与中国脱钩的政策，相反要加强与中国在各个领域的合作。新冠疫情的发生对中日韩三国的经济关系产生重大影响：首先，在疫情期间人员往来的基本中断，对中日韩的旅游业等相关经济领域产生了重大打击；其次，人员往来的中断还导致了相互商贸活动的停滞甚至是衰退；再次，疫情暴露了全球价值链分工的脆弱性，价值链调整与重构势在必行。全球价值链的调整也在相当程度上受到美国实施与中国脱钩政策的影响。

二、辽宁与日韩合作面临的机遇与挑战

基于中国与日韩关系的改善，以及三国间存在着良好的经济关系和扩大合作的巨大空间等因素，中国与日韩两国都表达了加强在经济等各个领域合作的愿望。一段时期以来，中日韩扩大合作呈现了积极良好的势头。

上述与日韩合作的活跃态势在辽宁也表现得较为突出。以下是两个例子：

第一，在大连金石滩国家旅游度假区，正在建设投资60亿元、占地110万平方米的“京都风情街”。其目的是扩展辽宁对日经济往来。这一商业行为正是基

于中国国内消费市场发生的变化，谋求在新领域扩大与日本企业合作的表现。

第二，在新冠疫情暴发期间，2020年3月4日，日本电产（大连）有限公司的新工厂在大连金普新区七顶山街道正式开工建设，标志着大连市对日本新一轮开放合作迈上新台阶。此次日本电产株式会社的项目，总投资1 000亿日元，总规划面积40万平方米，其中自用及配套企业占地各20万平方米，主要建设新能源汽车马达生产基地、近千人规模的研发中心等。该项目计划于2021年全部建成投产，将成为日本电产株式会社在中国的三大生产基地之一，新能源汽车马达年产能最高将达360万台。

位于大连金普新区的新日本工业团地，总规划面积28平方千米，其中建设用地面积约16平方千米，重点发展电子信息、机械加工、汽车零部件、高端装备制造和新材料等产业，将被打造成中日（大连）高端装备制造和新材料产业园区、面向东北亚区域开放合作的战略高地、日本新一轮在华投资的首选承接地。

中国政府大力支持地方扩大与日韩的经济合作，如设立中日、中韩地方合作示范区，主要以与日韩企业合作为主。国家对辽宁自由贸易试验区给予了更多的优惠政策和高水平的开放条件。位于沈阳和抚顺交界处的沈抚改革创新示范区已经得到国家的批准，成为辽宁省的经济特区。这些地方都规划出了一些区域，重点开展与日韩的经贸合作。

据有关人士分析，促使日本企业扩大对华投资的主要因素有：一是中国营商环境进一步改善。中国政府坚持扩大开放，出台了有关外商投资的相关政策，外商可以参与的投资领域越来越多，这对希望来华投资或继续扩大在华投资的日本企业产生了巨大的吸引力。二是日本企业在华经营利润增加。日本贸易振兴机构2018年针对在华日企的一项调查显示，42.3%的企业经营利润持续增加，35.3%的企业经营利润与2017年持平。三是消费者对于质量好、重设计的产品的需求越来越大。日本企业也据此开始调整对华投资方向。日本的快消品、家电、日化等行业加大了开拓中国市场的力度，投资快速增长。四是中国新能源汽车市场被广泛看好。

但是，新冠疫情这一罕见的病疫灾害对各国经济和国际政治经济关系产生了重大冲击，辽宁与日韩合作的良好发展势头也受到影响，其走向令人担忧。对此，本文给出以下几点基本判断：

第一，中美关系的恶化及特朗普政府实施的脱钩中国的政策对中日韩关系产生重要影响，但是日韩两国难以完全跟随美国，在经济领域日韩无法忽视中国这样的重大生产基地和大规模市场的存在。中国巨大的市场规模及中日韩及东亚区域经济合作的快速发展，使得日韩在经济领域对中国有较深的依赖。即便面临逆全球化的潮流，日韩与中国加强合作、维护世界多边自由贸易体制和加强三国间的经济合作，也是三国的共同利益所在。

第二，在产业分工区域化的过程中，中日韩三国有着巨大的合作空间。首先，从整体而言，中日韩三国产业发展存在着很大的互补性，能够进一步深化基于比较优势的分工。其次，中日韩在很多领域，特别是新兴产业部门，可以通过产业合作实现规模经济利益。例如，第四次产业革命的主要新兴技术及产业部门，包括物联网、数字经济、5G等，都需要较高的市场需求推动其发展。再次，通过中日韩三国及东亚区域的国际分工合作，可以加快亚洲经济的内部化，即建立完整的内部供应链体系，减少及消除对美国过度依赖的结构失衡现象。

第三，新冠疫情的发生对中日韩合作的影响不完全是消极的，也有积极的影响。具体表现为：一是加强中日韩三国在国际治理、区域一体化等方面的合作；二是以新冠疫情为契机，谋求构建三国重大突发事件危机管理的合作体制，深化三国在社会领域的合作；三是深化中国与日韩的经济合作关系，维护和完善以中国为中心的东亚区域国际生产网络，努力推进东亚经济共同体的构建；四是就长期经济合作而言，三国应协调各自的产业发展和结构调整，在重塑东亚供应链方面进行深度合作。

第四，前述的近年来日企等国外企业增加在中国投资的基本条件没有发生变化，甚至会得到进一步改善，如中国的投资营商环境的改善等。相信经过短期的恢复，中国与日韩的经贸关系会有进一步的发展。

基于上述判断，地方政府和企业应该在遵循国家外交政策的前提下，大力推进与日韩的合作，通过民间的公共外交关系，加深相互的理解并达成共同发展的共识，为进一步开展经济合作奠定基础。中国率先控制了新冠疫情、实现了复工复产，2020年下半年中国经济将出现有力的复苏，这是深化与日韩经济合作非常重要且有利的条件。要有效推进与日韩的经济合作工作，还需要解放思想、打开思路，同时通过深化改革、调整结构和努力避免金融危机等，夯实自身的发展基础。

中日韩在知识产权领域的合作

许圣茂（韩国）
大韩贸易投资振兴公社（KOTRA），海外知识产权室次长

知识产权是测试一个国家革新力量的指标之一。一个国家的知识产权创新环境、保护知识产权的毅力与水平等因素影响国内外投资及企业的生产质量。中国属于IP5，即全球知识产权实力最强的五个经济体（中国、日本、美国、欧盟与韩国）。按照中国国家知识产权局的统计，如表2-1所示，2020年上半年在中国申请的国内外发明专利共有683 490件，其中国外企业的专利申请有76 554件，占11.2%。

按韩国特许厅的统计数据，2019年上半年中国向韩国申请的专利一共有1 611件，占全球各国向韩国申请专利数量的6.5%。2020年上半年中国向韩国申请的专利达到2 025件，占比达到9.0%，比上年同比增加了2.5%。这一数据表明中国的创新力正在提高，中国企业正在努力加强专利的市场化和商品化。

表2-1　　2020年1—6月中国国内外专利申请统计表　　单位：件

按国内外分组		发明		实用新型		外观设计	
		申请量	构成	申请量	构成	申请量	构成
合计	小计	683 490	100.0%	1 272 129	100.0%	329 003	100.0%
	职务	622 603	91.1%	1 011 904	79.5%	197 152	59.9%
	非职务	60 887	8.9%	260 225	20.5%	131 851	40.1%
国内	小计	606 936	100/88.8	1 268 290	100/99.7	319 913	100/97.2
	职务	547 388	90.2%	1 008 297	79.5%	188 520	58.9%
	非职务	59 548	9.8%	259 993	20.5%	131 393	41.1%
国外	小计	76 554	100/11.2	3 839	100/0.3	9 090	100/2.8
	职务	75 215	98.3%	3 607	94.0%	8 632	95.0
	非职务	1 339	1.7%	232	6.0%	458	5.0%

注：本报表中，因小数取舍而产生的误差均未作配平处理。

资料来源：中国国家知识产权局。

中国在产权方面的国际交流也很活跃。中国国家知识产权局（CNIPA）、欧洲专利局（EPO）、日本特许厅（JPO）、韩国特许厅（KIPO）和美国专利商标局（USPTO）五大知识产权局的局长，于2020年7月21日首次通过视频会议举行了第十三次IP5局长会议。本次会议原计划于同年6月在中国成都召开，但受新冠肺炎疫情的影响，会议延期并以视频会议形式举行。五大知识产权局局长对新冠肺炎疫情表示严重关切，此次疫情对公众的生命健康构成了重大威胁，并给全球经济发展和增长带来了巨大挑战。五大知识产权局将继续与WIPO合作，并支持其为在全球范围内促进和增强平衡的知识产权体系所采取的行动。

新冠肺炎疫情对全球经济和人类的健康产生了严重影响，中国在控制和治理疫情方面做出了很大努力，成为最早控制住疫情的国家。从中国国内来看，疫情期间知识产权运用工作的一大特点是知识产权金融服务更优化。例如，浙江全面摸排2018年以来知识产权质押融资企业2 300余家，及时获取融资需求，南京设立10亿元新冠疫情防控专项融资计划。另一大特点是知识产权转化运用更快速。疫情之下，知识产权应用的快速发展的深层次原因是全国知识产权系统在知识产权应用工作上的多年深耕。在知识产权运营体系建设的框架下，目前中国知识产权质押融资探索出数种较为成熟的模式，而知识产权转化应用效率也在逐年提升。这是日本和韩国可以借鉴的优秀案例。

中日韩三国的知识产权部门一直保持紧密的合作关系。专利只有用在实际产品上才能有价值。为了促进中日韩的贸易投资合作，首先需要扩大技术交流，这是企业层面需要做的部分，也需要有关政府部门的大力支持。希望中日韩三国知识产权部门的紧密合作能让企业更积极地创造专利、交流技术，把专利与技术运用于商品中，促进国际贸易与投资，早日恢复全球供应链的合理发展。

第三篇

东北振兴中的企业力量

聚焦港口主业 加强区域合作 助力东北老工业基地全面振兴

徐颂
辽宁港口集团有限公司副总经理

一、辽港集团组建以来取得的成就

辽宁港口集团（以下简称辽港集团）自组建以来，积极践行东北振兴和东北亚国际航运中心建设的重要使命，致力于实现世界一流强港的发展目标，全面深化整合融合，努力实现健康发展。

2019年，辽港集团货物吞吐量同比增长3.7%，集装箱量同比增长1.8%，散杂货、油品、滚装运量分别同比增长5.8%、4.7%和3.5%；资产负债率由整合初期的85%缩减到59.32%，资本结构不断优化；在全球最具影响力的新华·波罗的海国际航运中心的排名中，大连由第28位跃升到第20位，航运中心地位提升明显；强化关港合作，进口货物整体通关时间为26.56小时，相比2017年压缩了77.98%，优于全国平均水平；出口货物整体通关时间为3.50小时，相比2017年压缩了79.67%，航运中心建设软环境得到进一步优化。

二、辽港集团发展面临的问题

辽港集团成立后，尽管结束了辽宁各港之前无序竞争的局面，取得了一系列的成绩，但面临的问题依然严峻。

（一）辽港整合发展仍面临困难

一是由于前期过度建设，辽宁港口产能总体过剩，货源不足，实际产能利用率不高，存在部分货类与地方产业发展不匹配的问题。

二是企业负债水平高，财务费用负担重，发展动力不足。

（二）国际环境复杂多变，腹地经济支撑不足

一是中美贸易摩擦对辽港机电设备、原油、LNG、大豆等货种贸易产生较大影响，对港口及关联产业将形成长期影响。

二是东北产业结构单一，近四年东北经济增速下滑明显，外向型经济发展缓慢，对外依存度较低，经济增长主要依赖投资，增长动力单一。

三是腹地经济增长乏力，国际航运中心缺乏产业支撑。

（三）环渤海港口竞争加剧

随着山东港口与京津冀港口一体化整合进程的推进，辽港集团与环渤海区域的其他港口竞争逐渐加剧，油品、矿石、集装箱、冷链等核心业务面临挑战。

三、促进东北振兴和东北亚区域合作的建议

（一）聚集产业要素，推动国际航运中心建设

着力建设“三大枢纽、四大中心”，即大连外贸集装箱枢纽港、营口内贸集装箱枢纽港、渤海湾滚装枢纽港，以及冷链中心（水果、水产品、肉类）、东北亚铁矿石混配中心、东北亚原油分拨中心、商品汽车转运中心，加快推动东北亚国际航运中心建设，进一步提升航运中心地位。

优化港口布局，合理配置资源，深耕内、外贸航线市场，增加航线密度，提升港口的竞争力、影响力、辐射力。

（二）统筹业务资源，加快国际物流中心发展

充分发挥港口整合优势与协作效应，完善集疏运体系，提升港口物流服务效

率，畅通东北地区海向物流网络。加强陆上物流大通道建设，加快集装箱海铁联运、中欧班列、冷链物流、商品汽车和散改集等多式联运业务发展，建设覆盖东北、连接亚欧市场的多式联运网络。

（三）加大招商引资力度，发展临港产业

加大招商引资力度，利用港口土地资源与临港物流优势，做强临港产业落地平台，实现港城联动。用全新的思维和全球的视野，加快推动“前港—中区—后城”的产业模式在辽宁的复制推广，着力推动招商引资，积极打造东北亚“新蛇口”。

（四）加强环渤海区域合作

加快环渤海地区合作发展是推进实施“一带一路”建设与“东北振兴”等国家重大战略和区域发展总体战略的重要举措，事关国家改革开放和区域协调发展大局。对此，要加强东北地区与山东、京津冀地区的区域合作，完善协同发展机制，深化多领域务实合作，实现融合发展。

（五）扩大开放，形成政策创新

中日韩自由贸易区自2012年正式启动谈判以来，已经过15轮谈判并取得积极成果。通过平等互动交流，瞄准对日、韩合作遇到的现实问题，充分发挥自贸试验区、国家级新区、自主创新示范区的先行先试优势，共绘共建、共投共享，创建自由便利的投资管理制度、灵活有效的贸易监管制度、风险可控的金融创新制度，发挥市场在资源配置中的决定性作用，推动中日创新链、产业链、资金链“三链”融合，建设好东北亚现代产业集聚区和东北全面振兴、全方位振兴的引领区。

（六）持续优化营商环境

营商环境建设是一项长期且重要的工作，要加快推广自贸试验区改革经验，努力在推进“放管服”改革、优化营商环境上走在前列，多措并举，全面提升口岸跨境贸易便利化水平，进一步打造公开透明、高效便捷的口岸营商环境，让大量有效投资在东北落地生根，促进区域经济社会发展，全力助推东北老工业基地振兴。

科技提升物流　物流改变生活

王玥
长春国际陆港发展有限公司董事长

长春国际陆港发展有限公司（以下简称长春国际陆港）是在“一带一路”建设大背景下，以政府引导、市场运作为基础，于2015年组建成立的平台公司。公司业务内容涵盖口岸运维管理，中欧班列、海铁联运及卡车航班等多式联运通道建设与运营，以及物流科技研发推广。

吉林省首条中欧班列（长满欧）于2015年8月双向贯通，直接或间接为全球超过3 000家企业提供了稳定优质的全程供应链服务，特别是为韩国、日本等企业提供的全球通运服务，充分利用了长春地处东北亚几何中心的地理优势，依托口岸与特殊监管区域一体化功能，借助铁海联运并接驳中欧班列往返于日韩与欧洲、俄罗斯之间，形成了一条独具特色的国际多式联运大通道，长春已然成为东北亚地区最重要的多式联运国际转运枢纽。

吉林省中欧班列由两条干线组成，第一条是以长春为起讫点，经由满洲里口岸进出境，途经西伯利亚大通道，最终进出欧洲腹地的中欧班列（长满欧）。该线路自2015年运行，沿途已联通俄罗斯境内超80个铁路中心站。凭借设立在德国纽伦堡的欧洲子公司的境外服务能力，“长满欧”已完成欧洲腹地10个国家、30余个铁路中心站的线路铺设及运营，有效地发挥了中欧班列以铁路直接联通内陆腹地的优势。第二条是经由吉林省珲春口岸进出境，并入西伯利亚大通道，最终进出欧洲腹地的“长珲欧”线路。该线路于2019年年初完成测试，目前正在积极沟通解决沿途的相关问题。“长珲欧”线路的运行，尤其是以冷链运输、液袋运输等为重点的布局，对于俄罗斯远东地区、堪察加地区货物的集疏运极其有利。同时，借助俄罗斯远东港口，吉林省可有效地与东北亚相关地区联动，并为北冰洋航线的开通做好集疏运节点准备，最终形成长春内陆口岸与珲春沿边口岸的联动、中欧班列（长满欧）与“长珲欧”线路互补的局面。

吉林省拥有大规模的大宗货物海上运输需求。为此长春国际陆港与大连港等环渤海港口、沈阳铁路局、中铁集装箱联手打造由长春铁路口岸至环渤海各港口的双向海铁联运班列。特别是2019年，在天津市与长春市开展“津长合作”的大背景下，长春国际陆港与天津港集团达成共识，联手推出天津港方向海铁联运物流产品，贯通了内外贸货物海上方向通道，解决了吉林省陆路运输潜在的物流风险，更提供了中欧班列的有效互补通道。以长春国际陆港为核心，已形成天津港、大连港、丹东港、营口港和俄罗斯远东港口海铁及海公铁等多式联运通道，形成了“母港+内陆港”的联动布局，极大地丰富了吉林省的物流通道，有效地提升了吉林省的产品竞争力。

卡车航班是全球通用的解决机场国际货运干线不足的有效方案。目前长春国际陆港已联通北京首都国际机场、上海浦东国际机场、郑州新郑国际机场等国内主流枢纽机场，并借助枢纽机场高密度的国际干线形成了“一单到底”的便利、快捷的空陆联程国际通道，为中国长春跨境电商综合试验区做好空运通道配套服务。

国际通道的建设与稳定离不开全功能节点的支撑。长春兴隆铁路口岸坐落在我国对外开放层级最高的特殊监管区域之一——长春兴隆综合保税区内。口岸作业区内分为三大片区，比邻铁轨两侧是临港作业区，以便完成高效的装卸作业；东侧是整车进口口岸、冰鲜水产品口岸等指定口岸与海关集中作业区；南侧依托吉林省及区域产业布局，地区内逐步形成港前经济培育与孵化。目前，长春兴隆铁路口岸已完成建设并投入使用近30万平方米，是全国功能最集中、面积最大的内陆铁路口岸之一，更是与综保区一体化建设的典范，为国际物流通道建设打造了坚实的节点基础。

科技提升物流，物流改变生活。随着物联网、区块链等技术的高速发展，物流特别是国际物流亟须升级。2016年，长春国际陆港与中国航天科技集团共同研发智能集装箱全球监控系统，旨在对多式联运货物实现定位、温湿度监控、异常侵入报警、箱内视频采集、碰撞度监控等多维度、多内容的动态监管，实现执法、金融保险、品质溯源、共享箱池等不同的应用场景，目前已推出1代、2代和单次版等不同的产品以满足不同的客户需求。

吉林不仅拥有秀美的长白山景色、“天下粮仓”的美誉，随着“一带一路”建设的推进，以及中韩（长春）国际合作示范区、大图们江区域合作与俄罗斯滨海二号线建设的推进，吉林还迎来了新的高速发展机遇。长春国际陆港在区域内做好枢纽港的功能建设，与环渤海各港口合作，做好喂给港的相关服务，与母港携手共进，共同为以长春为核心的吉林省物流通道建设做出应有的贡献。

以规模经营为基础　构筑现代农业新模式

潘艳辉
黑龙江讷谟尔农业发展有限公司法人代表、董事长

黑龙江省讷谟尔农业发展有限公司（以下简称讷谟尔农业）位于齐齐哈尔讷河市，2018年8月成立，注册资本5 000万元，总投资1亿元。讷谟尔农业弘扬“责任、感恩、团结、诚信”的企业文化，以有效服务三农为企业发展宗旨，以发展现代农业、提高农业生产效率为目标，逐步健全完善服务体系。现已发展成集农作物种植，粮食收购、仓储、销售，农业技术推广服务，农机具租赁经营和

服务，土地整理，无人机植保服务为一体的大型现代农业企业。创新发展六种新模式，基本实现了农业生产标准化，经营规模化，管理科学化，产、销、加一体化，做到了“粮头食尾、农头工尾”，真正体现了一二三产深度融合发展。2020年，讷谟尔农业与讷河市14个乡镇、1个街道办合作种植、规模流转，共同经营土地75万亩，最小连片作业面积达到200亩以上。农业生产社会化服务遍及94个行政村，涉及农业人口9.37万人，带动贫困人口1 678人。

一、以规模经营为基础，构筑现代农业新模式

讷谟尔农业公司从成立就把土地大面积连片种植、规模化经营作为打造现代化农业的“金钥匙”，通过开发六种新模式有效破解“三农问题”——运用“保底收益+二次分红”模式，实现农民收益最大化；运用“大机械+高科技”模式，实现土地收益最大化；运用“产业+企业”模式，实现产业带动脱贫最优化；运用“市场+订单”模式，实现农产品价格市场最高化；运用“政策保险+商业保险”模式，实现入社农户保底保收；运用“引资+融资”模式，实现合作社资本多元融资。

（一）实现规模经营，展示现代化农业高标准作业的成效

2019年齐齐哈尔市首家股份专业合作社——讷谟尔农业股份专业合作社——成立，总投资5 000万元，讷谟尔农业以1万亩土地经营权、1 000万元人民币入股，农民以承包经营权和村集体资产为主体入股，按“公司+合作社+农户”的经营模式流转规模经营土地22.3万亩，打造“万亩高产示范田”，实行品种、肥料、耕种、田间管理、作业标准和收获“六统一”。大豆亩均产量406斤、玉米亩均产量1 520斤，亩增产30%以上。

（二）创新“选单式”托管服务模式，提升农业社会化服务水平

夯实服务基础：2020年讷谟尔农业整合3个千万元农机合作社，注册资金2 000万元，成立了讷谟尔农业机械服务公司，为合作种植、规模流转的75万

亩土地提供耕、种、管、收、储、销等6个环节的“菜单式”服务。

整合机械，实现“大机械+高科技”：整合、购买进口现代农机设备137台套，购进无人机20台，对合作种植、规模流转的土地实施统一整地、统一播种、统一防治、统一收获，实现了高标准管理、高标准作业。

组建农业专家团队，提供科技服务：讷谟尔农业成立了农业植保服务公司，由东北农业大学和华中农业大学提供技术支撑，从农垦系统聘请五名农艺师组成农业专家团队，对托管服务的土地实行从选种、播种、施肥、喷药、灌溉、田间巡查、收获到仓储、销售的全程技术指导。

科学布局，实现规范化管理：合理划分作业区，科学配备农机具、专业农艺师包作业区全程指导，实现了规范化生产和规模经营。

实施标准化作业，实现收益最大化：统一实施秋整地、秋施肥，统一采用农垦标准化作业、无人机航化作业及水肥一体膜下滴灌等现代化种植技术，亩降低作业成本18~20元，亩减少农药化肥用量10.6%，出苗率达95%以上，全年可为农户增收540万元以上。

实施目标服务。对2020年托管服务的52.7万亩土地实施分类托管。针对机械配套不全、耕作粗放的合作主体的30万亩土地提供单环节服务，重点为需求环节提供技术指导与农业机械化服务，解决了机械力量不足、作业标准化不高的问题；针对外出务工和无机械作业能力合作主体的20万亩土地提供耕、种、管、收、储、销等6个环节的规范化、标准化全环节托管服务；针对合作主体中贫困户的2.7万亩土地不但实行全程托管，并且减半收取托管费用。讷谟尔农业通过科学化种植、机械化作业、专业化服务、市场化销售，大幅度提高了合作农户的收入水平。

（三）增强服务意识，提高合作主体收益

讷谟尔农业无偿争取各项惠农政策并让利于民；以每个服务环节每亩地低于市场价格2~5元的标准提供有偿服务；与粮食集团合作，对合作种植、规模流转的75万亩土地产出的农产品以每吨高于同期市场价格20元的价格进行收购，收购的粮食进入粮食银行，并在收购期内实行“二次点价结算”办法。公司分别与阳光保险、平安保险、中国人民保险三家保险公司多次深入洽谈，最终达成合作协议。公司以75万亩土地的规模投保，并为合作主体垫付保费1 000余万元，三家保险公司针对合作主体增设了农业种植政策险与农业商业险有效嫁接的农业收入险种，玉米和大豆每亩保障收入分别876元和480元，当收入低于保障标准时启动保险理赔。公司对于自种玉米、大豆产量的1/5采取期现结合，实现价格最优化。

二、融合发展，深化扶贫合作机制

（一）招商引资

讷谟尔农业通过“调结构、建基地、创品牌”等筑巢引凤措施，大力招商引资，辐射带动当地产业发展，促进农民就地就近就业增收。讷谟尔农业引进并投资的鸿展集团酒精项目实现当年洽谈、当年签约、当年动迁、当年建设、当年投产，实现了“鸿展速度”与“讷河速度”的完美结合，项目总投资20亿元，引进的总投资136亿元的黑龙江华瑞生物科技有限公司生物医药项目，投产达效后预计年可实现产值118亿元，安排就业3 500~5 000人。

（二）创新产业集群

讷谟尔农业与省级龙头企业象屿集团、黑龙江鸿展生物股份公司、讷河粮食集团、鸿源油脂有限公司、鹏程北方糖业股份有限公司等企业组建讷谟尔农业产业化联合体，创新“龙头企业+农业公司+合作社+村集体+种植大户+家庭农场+农户”的新型产业化模式，推动扶贫产业发展，助力脱贫攻坚。

（三）完善产业链条

玉米产业链条：鸿展集团玉米深加工项目与敦煌种业合作，打造玉米种植的产前、产中、产后全产业链模式，为落地投资百亿元的生物医药中间体项目提供优质玉米淀粉原料保障。

大豆产业链条：种植大豆16万亩，与黑龙江普兰种业共同成立了大豆种业公司，与东北农业大学合作繁育大豆种子，在讷河建立大豆品种研发、繁育、制种基地，并逐步拓展相关业务。

汉麻产业链条：讷谟尔农业成为黑龙江首个种植工业大麻的备案企业，并同哈药集团合作，采用地膜稀植技术试种龙麻5号1 000亩，预计每亩可产50公斤工业大麻。

（四）助力扶贫攻坚

2018年，讷谟尔农业帮扶贫困户59户、共131人，当年人均增收500元；2019年与7个乡镇、17个村、13个合作社、6 332户农户共同经营土地22.3万亩，亩纯利润达150元以上，带动201户贫困户共354人每人分得红利1 000元，支出资金35.4万元。2019年"保底收益+二次分红"涉及农户25 930人，人均增收172元，共计增收446万元。2020年，讷谟尔农业发展公司在二克浅镇庆祥村，利用800平方米的闲置学校用地种植赤松茸蘑菇，共投资5万余元，预计产值可达12万元，全部用于贫困户分红，带动庆祥村贫困户50户共105人增收，平均每人可分红1 150元左右，预计贫困户共分红170万元。

三、公司愿景

讷谟尔农业力争用3年时间，创建总规模100万亩绿色农业高质高效示范区，打造独具讷河特色的现代农业示范基地，引领讷河全市农业结构调整，擦亮讷河非转基因产地、中国地理标志保护产品的"金字招牌"，进一步增加与中国建设银行合作的金融产品品种并扩大规模，与金融业界一道助力东北振兴，实现"黑土农业"效益最大化的美好愿景。

今天我们为什么还要闯关东（节选）

王巍
金融博物馆创始人，全联并购公会创始会长

一、今天还要“闯关东”

历史上的“闯关东”是一次人类大迁徙，在100年的时间里有3 000多万人“闯关东”，外因是天灾人祸，内因是丁字形铁路与现代工业的大开发。东北在20世纪20年代和40年代都是中国现代经济甚至是亚洲经济的领导者。我们在这里不讨论东北的资源、气候、文化和地缘之类的约束，只谈体制的问题。

今天要重振东北经济，必须要打破观念和体制的约束，给下一代人“闯关东”创造空间。不是求大家去东北投资，求中央给资源，而是创造制度和文化环境激励大家再次去“闯关东”。

二、东北要“开关”和“变法”

这次党中央提出国内国际双循环的战略调整，是给东北一个新的定位机会，也是改革与开放的补课。核心就是两条：

第一要“开关”，让东北加入国内大循环，打开资源、人力和消费市场，先让深圳、上海、北京的市场要素流进来，打破地方藩篱。由此释放的市场经济能量远远超过依赖中央转移支付的效果。同时东北应努力加入日本、韩国、俄罗斯的国际大循环圈。

第二要“变法”，要补课，给优秀的民营资本和民营企业家更大的主导权。市场经济发达的地区正在出现“国进民退”的现象，而这正是东北吐故纳新的机会。党中央提出双循环的战略，就是给了东北一个“开关”和“变法”的机遇和权力，没有人是救世主，解决东北问题的核心就是让市场发挥活力，让真正的企业家主导资源再创造，由政府提供服务；而不是倒过来，由政府主导资源，由企业家提供服务。

瑞穗银行在东北亚区域促进国内国际双循环的举措

大西武仁（日本）
瑞穗银行（中国）有限公司大连分行行长

新冠肺炎疫情的蔓延给全球经济带来了巨大打击。贸易自由化的发展和不断追求物资采购的效率化，使得全球企业供应链显露出脆弱和不安定的一面，我们不得不重新审视这个环节。根据国际货币基金组织最新发布的《世界经济展望报告》，2020年全球经济将萎缩4.9%，其中发达经济体将萎缩8%。本次疫情导致营商环境恶化，地区间的经济交流被阻隔的风险升高，加快了企业重新审视其全球供应链的进程。

在此背景下，在中国的日本企业会受到怎样的影响？我想通过几个数据进行说明。2019年8—9月，日本贸易振兴机构对在中国的日资企业的状况进行了问卷调查。其中，关于2020年营业收益的预测，约四成企业回答“有所改善”，与上一年度相比基本不变。这些企业中的八成寄希望于通过“增加在中国当地市场的销售额”“提升销售效率”等手段增加营业收益。对于今后1至2年的业务方向，接受调查的大部分企业表示会“扩大业务”或“维持现状”，理由多以“增加在中国当地市场的销售额”“中国市场蕴藏较高成长潜力”“对高附加值产品的接受性较高”等为主。另外，回答“扩大业务”的企业中有六成考虑进一步提高营销能力。

另外，2020年6月，中日投资促进机构发表的关于投资环境的调查报告称，在新冠疫情之前，考虑从中国撤资或已经实施撤资的企业占整体的16%，而在疫情之后不仅没有企业考虑脱离中国，回答“今后很可能会考虑脱离”的企业也只有5%。主要的理由也多以“人件费上涨”“环境限制严格化”等为主，因疫情原因考虑“脱离中国”的企业实际上是非常少的。

中国政府根据国内国际形势，提出以疫情防控和创新驱动发展为抓手，补短板、扩大内需，强化国际合作，积极参与到全球供应链重构的进程中，构建国内国际双循环相互促进的新发展格局。

在上述背景下，瑞穗银行除了为客户提供金融服务、进军海外的相关咨询业务以外，为了促进“国内循环”，从两年前开始以上海、北京、深圳为中心推进国内的日中企业之间的商务对接活动。

瑞穗银行作为银行、信托、证券一体化运营的日本客户基础最大的综合性金融咨询集团，以满足客户多样化、高度化需求为目标，提供全方位服务。

作为20世纪80年代首批进驻中国的外资银行，瑞穗银行在中国共有18个网点。作为外资银行的领军企业，瑞穗银行除了针对全球化发展客户的经营战略、发展课题等提供全方位的金融解决方案和服务、资金管理支持及大额融资以外，同时有具有高度专业性的队伍为客户提供深入各领域的咨询服务。

具体来说，瑞穗银行基于对日本产业的深入研究和丰富的客户资源，向中国企业提供中日合作方案，为中国企业的全球化经营战略提供强有力的后援支持；同时，通过与中国企业构筑的良好关系所衍生的“对中国产业的深入研究与客户基础”，也为日本企业及日本以外的跨国企业的经营战略提供后援支持，积极促成中日企业、中国企业与日本以外的跨国企业的合作，构建双赢关系。

瑞穗银行的商务对接业务，以支持中国创新企业为目的，从深圳分行起步，现在上海总行设立了创新企业支援室，另外在北京分行也设立了专业部门，并在全国的网点积极推广。

在推进商务对接的过程中，瑞穗银行在中国香港分行成立“Mizuho Crowd Brain”加速器项目，为中日两国企业、政府及大学、创投企业、加速器等提供交流空间，为中国创新企业提供必要的公司运营管理知识、业务开拓机会和财务融资方面的支持。瑞穗银行的“M's Salon”从2017年开始正式募集会员，现在已有超2 400家企业会员。在2019年7月召开的活动中，共有300家创新企业和130家的日本大型企业参加，中国香港的创新企业首次参加。

为了创造新的商机、提高业务效率，瑞穗银行为日本某大型制造业企业介绍了中国的物流机器人初创企业，还为日本某大型汽车企业介绍了汽车抬头显示器HUD企业。某中国创新企业在全球范围内开展业务，瑞穗银行以日本当地的商业资源介绍为起点，在全球范围内为其提供资源对接服务。

另外，北京分行致力于强化与聚集众多中国创新企业、高新企业、高校、国家级研究所与中关村之间的关系，并与中关村发展集团签署了业务合作协议；成立了与可能成立新一代独角兽企业的初创企业构筑关系的专业团队，利用瑞穗银行的优势和网络资源，构建并扩大与初创企业的交易关系，同时支援日本企业的创投事业。

瑞穗银行一直以成为扎根于中国的外资银行为目标。中日两国是一衣带水的邻国，不断加深两国的经济交流是瑞穗银行的重要使命之一，实现中日两国的双赢关系是瑞穗银行应尽的责任。今后，瑞穗也会继续作为中日两国经贸交流的桥梁，重点关注国内国际双循环，推进各项工作。

第四篇

东北经济的韧性

东北地区开发区优化与动能培育

金凤君
中国科学院区域可持续发展分析与模拟重点实验室研究员、原常务副主任

一、各类开发区的优化升级是促进东北地区产业升级、增强经济韧性的有力抓手

改革开放以来，我国工业化和城镇化快速发展并取得了巨大成就，基本经验与模式之一就是各类“功能”开发区的设立以及相应产业政策的定向施惠，营造了优势突出的产业发展区位，推动了产业的快速增长，形成了一系列增长极。截至2020年7月，我国有7个经济特区、19个国家级新区、18个自贸试验区、219个国家级经济技术开发区、157个国家级高新技术产业开发区、12个国家综合配套改革试验区、5个国家级金融综合改革试验区。它们对我国的产业规模壮大和工业化发展发挥了重要推动作用。例如，2017年，国家高新技术开发区园区生产总值占全国国内生产总值的比重已达11.5%。

同时，我国开发区在建设发展中遵循了产业结构演进规律，不断进行动态调整与优化，促进了我国工业化进程的高级化。2017年中共中央、国务院在《关于促进开发区改革和创新发展的若干意见》（国办发〔2017〕7号）中明确指出：加快开发区转型升级，促进开发区体制机制创新，完善开发区管理制度和政策体系，进一步增强开发区功能优势，把各类开发区建设成为新型工业化发展的引领

区、高水平营商环境的示范区、大众创业万众创新的集聚区、开放型经济和体制创新的先行区，推进供给侧结构性改革，形成经济增长的新动力。

东北地区作为我国重要的经济板块，在未来全面振兴和全方位振兴中，必须重点推进各类开发区的优化升级，处理好要素利用与新增长空间的关系，发挥好增长极作用。从功能定位看，开发区是东北地区利用好国内、国际两个市场和两种资源的平台和窗口；从产业发展作用看，开发区是东北地区产业链和产业集群建设的载体，更是新产业、新业态的示范载体；从深化改革方面看，各类功能开发区是东北地区创新体制机制的示范区和先导区；从改善营商环境方面看，开发区是东北地区营造良好营商环境的依托。总之，开发区应在带动东北地区产业结构的优化升级、建立良好的发展机制、精准化招商等方面发挥领衔作用。

二、东北地区开发区面临的突出发展问题

目前东北地区有国家级新区3个、国家级高新技术产业开发区7个、国家级经济技术开发区5个、自贸试验区2个、国家综合配套改革试验区2个、国家自主创新示范区1个、产业转型升级示范区5个、省级开发区106个。

改革开放以来，东北地区的各类开发区在促进地区经济增长方面发挥了重要作用，一定程度上也发挥了区域辐射带动作用，但改革的先行示范等引领作用没有充分发挥出来。目前东北地区开发区面临如下突出问题：

一是国家级开发区产业的发展水平不高，竞争力不强，辐射带动力弱；体制机制不活；捕捉市场需求和新机会的能力偏弱。

二是地方性开发区设置得过散过滥，不符合区域经济学规律，资源浪费现象比较明显；行政性意志强，缺乏对市场的精准把握，官员运作产业，政府与市场的作用不能互动；开发区同质化，不能集聚优势；短期效应明显，缺乏长期的谋划；基础支撑条件缺乏，缺资金，缺基础设施，缺人才；有些开发区定位随意，已经不能适应新时代发展的需要。

三是新产业、新业态少。多数开发区以“传统”与“重化”产业为主。

在全面振兴和全方位振兴的大背景下，东北地区的各类开发区需要优化调整：一是发展定位需进一步明确；二是区域布局需进一步优化；三是发展水平需进一步提升；四是管理体制需进一步理顺。

三、以整合优化为抓手推进东北地区开发区高质量发展

第一，优化各类开发区的功能定位和发展机制。应在充分评估的基础上，优化各类开发区的功能定位，赋予其新的发展动力和活力。

重点是建机制、供政策、搭平台、筑载体。建立切实可行的“运行性”体制机制。必须走“扬弃”结合的现实路径——扬东北地区和国家已经形成的成功经验和模式，逐步摒弃不符合发展趋势和规律的做法和思维。

政策体系的制定应遵循“增量建机制、建模式，存量优化效率、提质量”的思路。

此外，应以信息化带动工业化，突出城镇化对工业化的引导作用，优化开发区的发展模式，形成符合现代发展趋势的载体。

第二，减量聚势。本着优化整合的思路减少开发区的数量，集聚各种要素，营造发展优势。基于新的发展形势，建立符合工业化发展规律的空间政策，将资源、资本、技术、政策有效整合在一定的空间内，形成新的增长动能和动力，推动地方经济发展。因此，至少应以县级行政区域为单元，整合各类开发区域，减少开发区数量，加大优势开发区的基础设施建设，尤其是工业类园区的基础设施建设，用有限的人力、财力建设有新动能、新活力的产业增长空间。

第三，优化产业发展功能，实现四个转变：由“项目、制造、招商”的工业经济发展思维向“生态化、平台化、智能化”的新经济发展思维转变；由单纯强调产业规模高速增长的工业园区发展导向向强调产业、科技、新城融合高质量发展的园区发展导向转变；由“土地出让、政策优惠、招商引资”等要素驱动发展

模式向“创业、孵化、生态”等创新驱动发展模式转变；由自主探索、滚动成长的自我发展向开放创新、跨越引领的共同发展转变。

第四，充分发挥各类开发区的集群优势。可探索实行各地开发区共享资源、联盟发展，在有条件的区域建立高新区、经开区、自贸区等各类开发区联动发展机制，形成系统的产业发展基地。

进一步发挥新区在东北全面振兴中的带动作用

孙世芳
《经济日报》编委，经济日报社中国经济趋势研究院院长

深入推进东北振兴发展，是党中央做出的重大战略部署。从全面振兴东北地区老工业基地，到深入推进实施新一轮东北振兴战略，再到支持东北地区深化改革创新，推动高质量发展——党中央的战略部署，为东北振兴发展指明了方向。

2019年年底，通过在吉林、黑龙江围绕东北振兴进行的调研，特别是在长春新区和哈尔滨新区的调研，我深深感受到新区求发展、谋发展的浓烈氛围，也深深感受到新区在高质量发展中发挥了表率作用。

以长春新区为例，围绕新区的实践，本文就进一步发挥新区在全面振兴东北中的带动作用，有以下几点认识：

第一，进一步提升先进生产要素的优化集聚能力，通过计划扩散效应带动区域整体发展。

从调查看，新区具有较强的先进生产要素集聚能力。近年来，长春新区经济总量增速保持在8%以上。2019年，在经济下行压力加大的背景下，全区生产总

值按新统计口径同比增长6.4%，一般公共预算同比增长8.8%。这一成绩得益于其产业集群和主导产业的高成长性。据调查，近年来长春新区每年引进的产业项目达100个以上，开工项目在300个以上，陆续建成国家级生物医药产业基地和中药基地、光电信息技术产业化基地、软件基地，先进制造产业基地也在加速推进，总体形成以汽车及零部件、生物医药、新能源、新材料、光电子为主的产业集群发展态势。

在区域发展中，产业集群的带动是非常关键的因素。增长极发展和增长极带动也是一个规律。新区近年来集聚的产业集群，将对区域整体发展发挥更大的带动作用。

第二，进一步提升科技创新能力，通过创新驱动提升优化新区在产业链、价值链中的地位和作用。

实现高质量发展，必须把科技创新作为第一动力。长春新区注重深化协同创新，集聚国家和地方科技力量，打造了光电子、生物医药等5个专业技术平台，引进高水平研发机构60余家，注重培育创新主体，全区孵化载体达44个，在孵企业1 000余家，培育高新技术企业480家、科技型小巨人企业239家，以吉林一号卫星为龙头的上下游企业达到300多家。一个创新型产业链条正在形成，这样的创新能力后劲十足。

科技创新驱动是一个系统工程，尽管取得了很大的成绩，但潜力仍然巨大，要实现更高水平的发展，还需要一些配套的金融政策、税收政策和人才政策。

第三，进一步提升产城融合能力，通过新区老城一体化，优化城市布局和提升城市竞争力。

在新区发展中，如何处理好产城融合及新城老城一体化发展问题、提高人民幸福指数是一个需要破解的难题。在很多新城的发展过程中，出现了新城、老城“两张皮”的问题。长春新区聚焦提升城市品质，在产城融合上迈出了新步伐，聚焦建设绿色宜居的现代化新城，有效带动北部三个开发区一体化发展。空港开发区、国家城乡融合发展示范区和北湖快轨的建设，有效缩短了新区与主城区的交通距离。随着北湖国家湿地公园工程不断完善，南北区生态环境质量实现大幅提升，教育卫生机构及商业综合体等高端商业业态加快集聚，城市工程进一步完善。

新区发展不仅仅要提升经济，最终要落到提升人民幸福指数上来。在新区发展中一定要破解产城“两张皮”的问题，只有实现更高水平的产城融合，才能在高质量发展的路上走得更远。

第四，进一步深化改革，提升制度创新能力，通过示范效应激活区域发展活力。

东北新区要围绕建成全国一流营商环境这一目标，在全省率先开展证照分离、标准第一+承诺制、政务服务驿站、关联事项企业设立零成本等“放管服”改革。这些改革措施已经发挥了很好的示范作用，正在逐步推广，部分改革事项被列为全省试点。目前，长春新区正在持续强化政策扶持，制定了促进科技创新、金融创新、战略性新兴产业发展等7个方面的政策；2020年围绕助力企业克服疫情影响，新出台“助企15条”“打造一流营商环境新50条”等政策。长春新区每年都务实性地研究实施一些审批服务改革，打造有新区特色的品牌，在优化营商环境方面起到了表率作用。

营商环境是区域高质量发展的生命线，也是区域发展的最大无形资产。新区在东北振兴中将发挥越来越大的作用。

“十四五”东北振兴如何取得突破？

李凯
中国东北振兴研究院副院长，东北大学教授、博士生导师

一、东北经济的形势和问题

（一）东北经济形势趋稳

2019年，辽宁、吉林、黑龙江的经济增速分别是5.5%、3%、4.2%，虽然位列全国最后几名，是经济增长速度最慢的经济板块，但是相比2016年——占东北经济一半的辽宁经济在历史上首次出现负增长——东北经济已经走出发展最困难的时期，开始步入恢复发展的轨道，呈现总体向好的局面。新冠疫情对这种趋势会有一些影响，但不会改变这种态势。

（二）营商环境初步改善，受到市场认可

近年来，随着各级政府对营商环境的重视，东北地区的营商环境得到初步改善，国际国内各类大型企业开始布局东北，加大对东北的投资。例如，宝马公司和华晨汽车集团联合宣布股东双方将延长华晨宝马的合资协议至2040年，同时对华晨宝马的投资将增加30亿欧元；石油巨头沙特阿美石油公司与中国北方工业集团、盘锦鑫诚实业集团在辽宁盘锦联合成立华锦阿美石油化工有限公司，投资额超过百亿美元，共同打造集约化、高端化、差异化的世界级石化产业基地；阿里巴巴集团与黑龙江省政府签署战略合作协议，依托黑龙江省区位优势、产业

发展和政策环境等方面的优势，在数字经济、数字政府、社会治理、惠民服务及深化开放合作等领域开展合作，建设“数字龙江”等。

（三）外部拉动作用在加大

京津冀经济圈的产业外溢，设施农业进入北京，农产品进一步深加工，高铁经济初步见效。这其中，对口合作、飞地经济、外派干部等措施都在起作用。

（四）振兴东北战略初步成型

沈阳在制定国家中心城市战略，哈尔滨、长春在建设区域中心城市，大连的目标是成为国际化开放城市。这些战略具有长远意义。

（五）经济体量小，在全国经济中的地位持续下降

东北三省2019年的地区生产总值为50 248亿元，排在河南和四川之间，不及河南一个省的经济规模（河南2019年的地区生产总值为54 259.20亿元）。东北三省2019年的地区生产总值规模相当于2012年的水平，也就是整整7年都在补历史欠账。东北经济要集中解决经济总量问题，先壮大总量，然后谋求高质量发展。东北地区在全国经济中的地位持续下滑，1978年东北地区生产总值占全国经济的比重为13.98%，到了2019年仅为5.1%，为新中国成立以来最低水平，如图4-1所示。

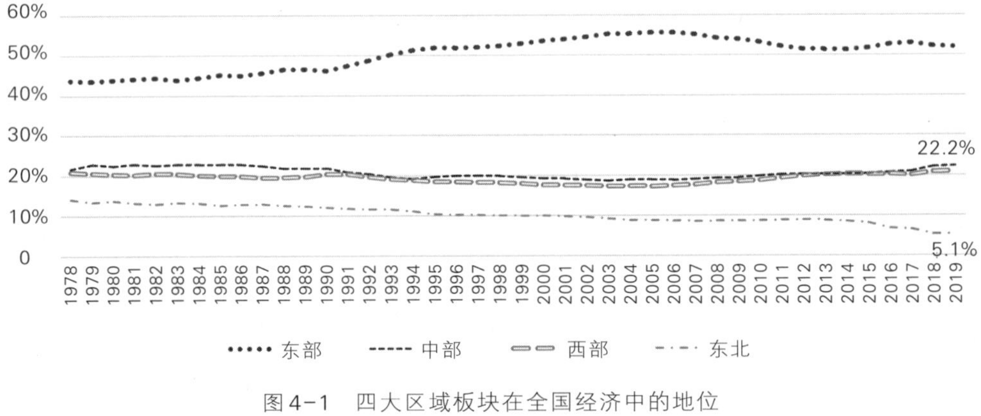

图4-1　四大区域板块在全国经济中的地位

数据来源：国家统计局各省市年度地区生产总值数据，经整理计算。

注：由于采取分级核算，各地区生产总值相加不等于全国总计，二者有出入。

（六）缺少体量较大的消费性产业

计算机、通信和其他电子设备制造业是全国体量最大的消费型产业，2018年实现主营业务收入10.6万亿元，而东北三省的这一产业仅实现665.5亿元的营业收入，占全国的比例为0.63%；

从横向来看，河南、重庆等地抓住了珠三角、长三角产业转移的机会，2018年河南省这一产业的收入占全国的比例为3.81%，重庆占4.25%，广东占36.57%。

从这一产业营业收入占地区生产总值的比重来看，2018年辽宁为2.5%，吉林为0.56%，黑龙江为0.19%，而河南和重庆分别占到8.08%和20.83%，广东更是占到38.78%。

（七）对东北振兴形势的整体判断

虽然营商环境在一定程度上得以改善，但目前东北振兴基础不稳，体制机制问题尚待进一步解决，未来一段时间仍将是东北积蓄力量探索方向的时期。要认识到东北老工业基地振兴的长期性和复杂性，在规划上要留有余地。

二、东北振兴的理论基础

（一）雁行模式——产业转移的带动作用

20世纪60—80年代东亚各国、各地区产业分工与梯度转移以及经济依次起飞的动态过程，被称为“雁行发展模式”。东亚国家按照“日本、‘四小龙’、东盟、中国”的产业转移顺序，呈现不同发展阶段的国家（地区）多层次赶超的格局。

“雁行模式”的基础是贸易圈中存在产业梯度差，“雁行模式”的特点是产业转移的方向带动地区的经济增长。

20世纪80年代初，开始积极参与国际分工的中国处于第三层次，东部沿海地区承接了第二层次的劳动密集型产业转移，目前长三角、珠三角的产业大多转移去了中部（郑州）和西部（重庆、成都等），所以东北缺少外部产业转移的带动作用。

（二）新结构经济学——发展战略与比较优势相匹配

1. 新结构经济学

一个国家或地区应从自身要素禀赋结构出发，把现在能够做好的（比较优势）做大做强，逐步实现发展。当企业所选择的产业和技术都与经济体要素禀赋所决定的比较优势相符时，经济会最有竞争力，即发展战略要与比较优势相匹配。在经济发展过程中需要“有效的市场”和“有为的政府”的共同作用。

2. 新结构经济学对东北的启示——发挥比较优势

东北经济结构的短板：以纺织服装、家电与消费电子为龙头的轻工业集群和相应的商业网络严重缺失。东北经济结构的长板：由其禀赋结构及其历史遗产积累起来的重化工业基础雄厚。过去振兴东北的战略思路是侧重“加长避短”（提升重工业，忽略轻工业）。而根据东北的人均地区生产总值水平来看，2019年辽宁为57 191元，吉林为43 475元，黑龙江为36 183元，与泰国（7 808美元）、利比亚（7 683美元）等东南亚、非洲国家相近，现阶段主导型的比较优势产业应该是劳动力密集型产业，而这一比较优势恰好是东北经济结构的短板，且目前东北的发展战略与比较优势相背离。

（三）转轨经济学——政府转型和市场主体培育

1. 经济转型

转型本质上是重大体制机制的重大改革，包括国家制度的变化、经济体制的改革、经济结构的提升、产业结构的调整、经济增长方式的转变等，是全方位、均衡化的变革。

2. 经济转型对东北的启示——政府转型和市场主体培育

改革开放后，东北在从计划经济体制向市场经济体制的转型过程中，经济体制虽发生了改变，但政府治理方式和市场主体培育水平没有跟上。所谓转型，就是体制机制的变革，不仅是政府的转型和思想意识的变革，还应包括产业结构调整、增长方式的转变、市场主体的培育，以及政府与市场主体和产业结构关系的调整等。

综上三种理论，可以得出东北振兴成功的以下几个条件：其一，外部拉动的战略机遇；其二，振兴战略与资源的匹配；其三，可持续的体制保证。

三、"十四五"期间东北振兴的主要突破点

从经济学的角度来解读，东北目前形成了低水平的经济均衡，要想实现经济振兴，必须在某一点或者几点上实现突破，打破这个低水平均衡。"十四五"期间，关于东北振兴主要突破点的思考如下：

（一）发展能够支撑东北经济的大规模产业

东北经济最终要解决经济总量过小的问题，没有量就没有高质量发展。东北应根据自身比较优势，实行可靠的产业政策，发展大体量的劳动密集型产业、消费品工业、服务业；正确理解国家安全产业、大规模主导产业与未来高新技术产业的关系；保证国家安全产业、重点支持支撑产业，哺育先导产业（精细化、多元化、消费化）。

（二）将东北打造成"对外开放新前沿"

以深化开放为发展动力，打造对外开放新前沿。面向东北亚，深耕日韩，兼顾全面。

向南开放：将大连作为东北对外开放的高地，以服务贸易为重点，深化同日本、韩国的经济贸易合作，打造"东北版上海"。

向北开放：将哈尔滨打造成向俄开放新高地，推进与俄罗斯交通基础设施的新通道建设，扩展与俄罗斯合作的新领域。

向东开放：将丹东建设成东北新型开放城市（开放特区），将珲春打造成图们江区域国际经济合作示范区，沿鸭绿江、图们江打造与朝鲜、俄罗斯口岸贸易往来的"珍珠链"，将乌苏里江流域口岸打造成对俄往来的"黄金水道"。

向西开放：依托中蒙俄经济走廊（华北通道）深化同蒙古国和俄罗斯的合作。

（三）抓住东北唯一可抓住的大产业——“服务业”

服务业的开放，是最大的产业结构调整机会。在未来10~20年内，中国发展最迅速的行业将是服务业，和发达国家最大的差距也是服务业。

2019年，中国GDP为14.3万亿元，美国GDP为21.4万亿美元，中国GDP约为美国GDP的2/3，如果中国以6%、美国以3%的年均增长率发展，中国会在2035年超过美国的经济体量，也就是需要再花费15年。

在中国经济总量赶上美国时，产业结构也应与美国现有的产业结构类似，目前东北地区第三产业占地区生产总值的比重约为52.4%（全国为53.9%），而美国第三产业占GDP的比重为77.4%（2017年），中国第三产业的发展空间还很大。

（四）明确定位，加快推进中心城市战略

在现有区域战略基础上，突出中心城市战略，进一步明确中心城市增长动力源的发展思路，壮大“哈、长、沈、大”四个中心城市，形成东北振兴的动力源。要先发展壮大中心城市，再拉动城市群、城市带发展。

这些中心城市不仅要在东北地区内部有优势，更要在全国有优势，能够在人才、资本、产业上有全国竞争力。

（五）推进东北区域经济一体化进程

东北三省经济总量加起来不到广东的一半，这么小的经济体量，再不搞一体化就会有很多资源浪费。东北三省产业同构的问题比较突出，疫情冲击下东北产业链调整的需求增大，可以在东北区域内的产业链整合中实现产业转型升级。

城市群、中心城市发展是东北振兴的重要推动力，应以沈阳、大连、长春、哈尔滨为主体，形成东北城市经济合作新格局。东北四大城市在强化本省协同发展的同时，要从推动东北经济一体化出发，打破行政壁垒，推动资源要素跨区域自由流动，实现优势互补和合理分工，以中心城市紧密合作加快推动东北经济一体化进程。

（六）坚定不移推进市场化改革

通过市场化改革来释放活力，用市场化改革的思路和办法来破解当前遇到的问题，为长远发展打下制度基础，包括营商环境和市场主体建设。放松管制，保持要素的自由流动和市场化的配置，发挥市场在资源配置中的决定性作用。加大激励机制，释放市场主体和社会的创造力，有效激励改革动力源。

以土地制度创新保障和促进东北振兴

刘随臣
自然资源部咨询研究中心研究员

面对当前复杂多变的国内外政治和经济形势，作为发展中国家，我们一定要致力于做好自己的事情，致力于稳定和保持国内经济社会的发展大局。落实以国内大循环为主体、国内国际双循环相互促进的新要求，以及深入实施东北振兴战略有着积极的现实意义和作用。

东北地区自然和生态资源十分丰富，在我国生物多样性保护及生态安全格局中占有重要地位。东北土地资源丰富，产业基础好，区位优势明显。深入实施东北振兴战略，要走出一条质量更高、效益更好、结构更优、优势充分释放的发展新路子，实现新突破，在全国工作大局中体现新担当。

土地是重要的生产要素。东北地区总面积占全国的8.36%，但耕地面积占全国的20.60%，基本农田占全国的19.14%，建设用地面积占全国的11.03%，林地面积占全国的14.36%，自然资源丰富，发展潜力大。

土地制度是国家的基础性制度，对经济社会发展具有重要的支撑和影响。研究东北地区的土地问题，要把它融入东北地区发展的大环境去观察，放在全面振兴的历史作用中去研究。近年来，国家在土地制度创新方面取得了较好的成效和宝贵的经验，要结合东北地区的实际广泛借鉴，大胆探索，进一步加大土地制度的创新。

东北振兴的关键是要坚持改革开放，在制造业改造升级和粮食生产上下力气。土地制度创新要围绕这两大主题来做文章。

一是充分保障工业用地。发挥好企业用地（工业用地）抵押、担保、融资、合作入股等职能，降低技术改造升级的成本，增强企业的发展动力；同时就东北地区工业用地转化为棚户区改造住宅用地、工业旅游及教学科研用地等方面，提供全面支持；还要研究出台优惠政策，全力支持东北地区发展旅游产业，尤其是生态旅游、工业旅游和冰雪旅游。

二是允许东北地区新增耕地指标，增加挂钩结余指标并实现异地流转。东北地区土地资源丰富，而我国新基础设施建设、粤港澳大湾区建设、长三角一体化和京津冀协同发展等战略的实施需要大量新增建设用地，且实施区土地资源紧张。建议通过科学论证，允许东北地区新增耕地指标、增加挂钩结余指标，并纳入全国范围，在全国范围内流转，发挥好土地资源、资产、资本三位一体的功能与优势。

三是建立耕地保护基金，提高耕地保护能力建设。东北地区耕地资源丰富，在保障我国粮食安全大局中发挥着重要作用。可借鉴其他地区从土地出让收益中提取部分资金用于农田水利建设基金、教育基金和保障房建设基金等措施，在土地出让金总量中提取一定比例的资金用于耕地保护，提高广大农村集体和农民保护耕地的主动性，还可提高耕地的生产能力，落实“藏粮于地、藏粮于技”，进一步打牢东北大粮仓的基础，维护国家粮食安全。

四是探索东北地区生态空间异地补偿。东北地区生态环境好，生物多样性丰富，应通过有计划的生态建设提高生态产品的供给能力，用新增生态空间抵消其他区域开发建设造成的生态空间的损坏。建设新增生态空间用于异地补偿，要采用有偿使用方式，做到建设保护者收益、破坏占用者补偿、享用获益者付费的市场要求。

五是赋予东北地区更大的土地管理权限。2020年，国务院出台了关于授权和委托用地审批权的决定，将法律规定范围内可以授权的审批权全部下放至省级人民政府，并在京、津、沪、苏、浙、徽、粤、渝八个省市开展试点。这落实了中央“放、管、服”的要求，既坚持了依法办事，保持法律法规的稳定，又坚持了问题导向，有力地推进了土地制度的创新。鉴于东北振兴在全国区域发展战略中的重要地位和作用，建议将试点范围扩大至整个东北地区，更好地提高土地审批和利用效率，用土地制度的创新更好地保障和促进东北振兴。

文化建设在东北振兴中的基础性作用

何大新
西南财经大学流通经济学博士生导师，四川省广播电影电视局原党组书记、局长

对于东北振兴，许多领导、专家和学者经常在经济范畴内讨论，如讨论产业布局、投资、招商、提升市场吸引力、加强国际经济合作等。本文则尝试探索文化建设在东北振兴中的基础性作用。

东北问题的本质不是经济滑坡，而是整体缺少自信、活力和吸引力。自信、活力和吸引力是什么？是文化。东北经济现象的本质是文化现象。

一切经济活动都是文化的延伸。十几年前，在纽约召开的“经济发展和文化转型”国际学术研讨会上，各国学者达成了一系列共识，其中就有：“一个社会不管发达还是不发达，表面上看起来是经济形态，实际上都是文化形态”；“经济活动的起点和终点，都是文化”；“经济发展在本质上是一个文化过程。”

当今世界的所有较量，出发点是文化，落脚点还是文化。东北的经济滑坡归

根结底是缺乏相应的文化支撑。

1988年，我提出“马蹄形现象”的概念。东北的大兴安岭、小兴安岭和长白山，形成一个巨大的马蹄形，中间是富饶的松辽平原，富裕的环境孕生了安于现状的心理状态。人们缺乏商业经验、创业精神、创新意识，又残留计划经济意识，缺乏市场观念——这些成为阻碍东北发展的重要因素。

东北现状与四个因素有关：一是历史选择变化；二是文化与观念落后；三是地缘政治因素；四是计划经济后遗症。

新中国成立70年，前30年国家发展选择的是“工业化”，所以有了东北的辉煌；改革开放后40年，国家发展选择的突出特征是“市场化”，天平倾向了东南，东北的优势受到影响，劣势则显露出来。

从经济角度看，目前东北缺什么？答案是：地区生产总值，工商农及文化科技产业的产出总量；财政收入、税收；科技含量高的巨型企业；繁荣的大市场；类似九寨沟、张家界这样的顶级旅游品牌。

从文化角度看，东北缺什么？答案是：精、气、神；市场经济观念；宽松的营商环境。

经济元素不同程度地影响文化元素，而文化元素则直接、广泛地影响经济元素。

深圳、上海、杭州、北京这些年创造了发展奇迹，原因之一就是人才集聚。东北的人才流失现象非常严重，去外地的东北大学生毕业后不愿回东北，在东北的大学生毕业后要去京、沪、深、杭。这样反复几次，东北人才的质量结构就陷入了困境，人才流失的直接结果是社会文化质量下降。

文化孕育了制度和制定制度的人。管理本身是一种价值观的展示，是一种信仰的展示，综合而言是一种文化的展示。

“造成东北目前状况的一个重要原因是文化因素”，这应当成为东北知识分子、政府官员乃至全体东北人的共识。东北人一旦有了这种共识，解决问题的办法就有了。仅仅靠提高生产力并不能振兴东北，东北的科学发展必须有文化支撑，这是东北的软实力。东北过去的辉煌展示的都是硬实力，今后只有硬实力没有软实力是不行的。东北的振兴不可能是旧体制的回归，也不是原来工业体系的再造。东北应探索建立适应中国和世界双循环大势下的以工业为主的经济运行模式。在这个模式中，最重要的是体现一种文化的力量。

东北当下亟须改良、更新文化土壤，使其能具备足够的养分，长出理性、科学、适应新时代需要的现代意识，这是时代命题，也是历史任务。具体建议有：

一是实施大教育，提升现代文化理念。“振兴东北”是一个艰巨的系统工程，最难的还是东北民众的心理建设。我认为现代人的最大特点，第一是理性，第二是保护环境。一个国家的质量，一个民族的质量，一个人的质量，其实是思考的质量。理性是衡量思考质量的第一标准。对于东北人来讲，保持一种理性、文明、向上的文化状态，比经济回升更重要。

东北应当进行一场具有历史意义的教育活动。通过教育活动，优化东北文化土壤中的基因。这种教育应当具有普遍性、针对性，不是那种大轰炸式的宣讲、学习。对此，学校和媒体担负着重要责任。

二是激发“坚守、担当、奋斗”的东北精神。人类历史经历过无数灾难和战争，也出现过无数坏人和只图己利者，为什么能发展到今天这种进步程度，就是因为在每个历史时期，都有一大批有责任感的人。

振兴东北，在着眼发展前景时要有“舍我其谁”的战略眼光，在遭遇挫折时要有“天生我材必有用”的战略耐性，同时也要有重塑辉煌的奋斗雄心。

振兴东北农业农村有所为

罗良清
江西财经大学统计学院首席教授、博士生导师

一、背景

面对国际国内复杂多变的形势，站在新时代发展的前沿，振兴东北，我们应当有所为。振兴顾名思义是指经济发展、社会发展等各方面水平都应在国内排在上游水平。而振兴东北涉及东北全境的各个方面的发展，既有经济增长、社会发展、技术进步，也有教育文化、行政水平等的发展。

二、振兴东北农业农村的成果

基于现有相关文献的研究，结合国家统计局等权威机构公布的相关数据，我认为振兴东北农业农村的典型成果主要体现在三个方面：农业总产值、农业机械总动力和粮食单位面积产量。其中，粮食产量包括夏收粮、秋收粮和早稻三部分。

成果一：农业总产值。

由图4-2可以看出，东北农业平均总产值高于全国平均水平，其中黑龙江省总产值逐年上升，趋势尤为明显。

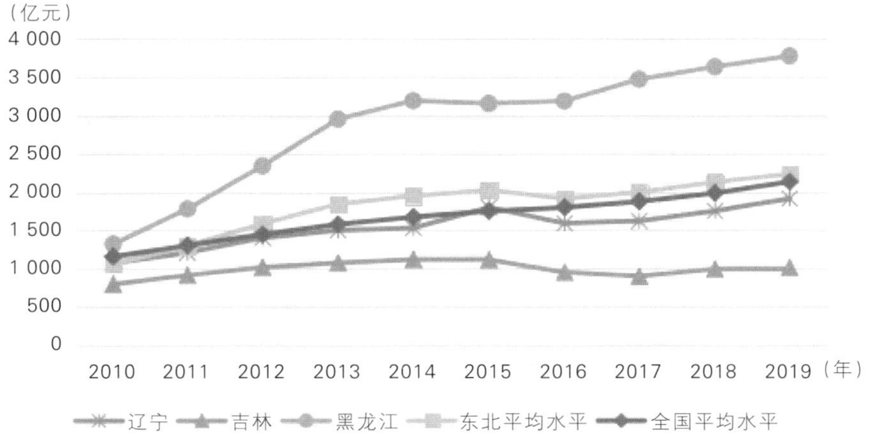

图4-2　2010—2019年东北三省农业总产值与全国平均水平对比图

成果二：农业机械总动力。

从图4-3分析可知，2013年以前东北平均农业机械总动力低于全国平均水平，但2015年以后，东北农业机械化水平显著高于全国平均水平，并且呈扩大趋势，说明东北农业机械化水平在不断提高。

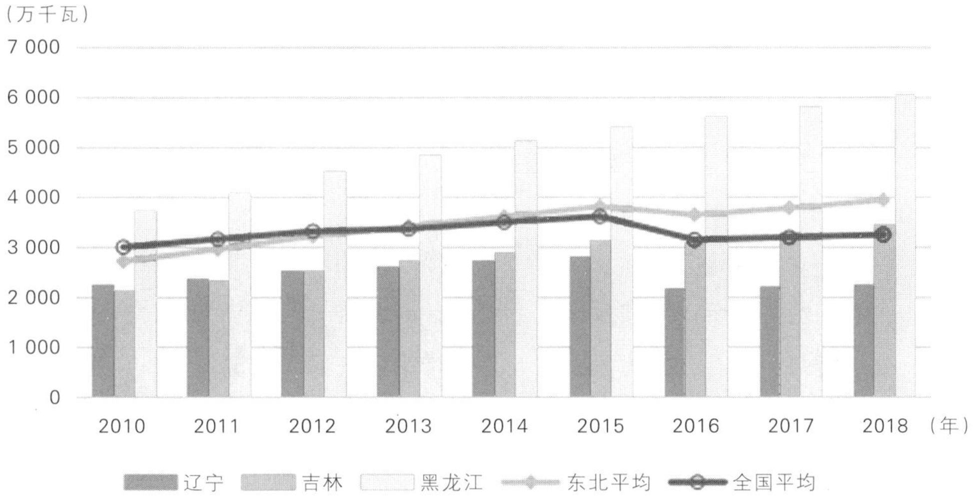

图4-3　2010—2018年东北三省农业机械总动力与全国平均水平对比图

成果三：粮食单位面积产量

如图4-4所示，东北平均粮食单位面积产量高于全国平均水平，其中辽宁、吉林的粮食单位面积产量显著高于黑龙江。

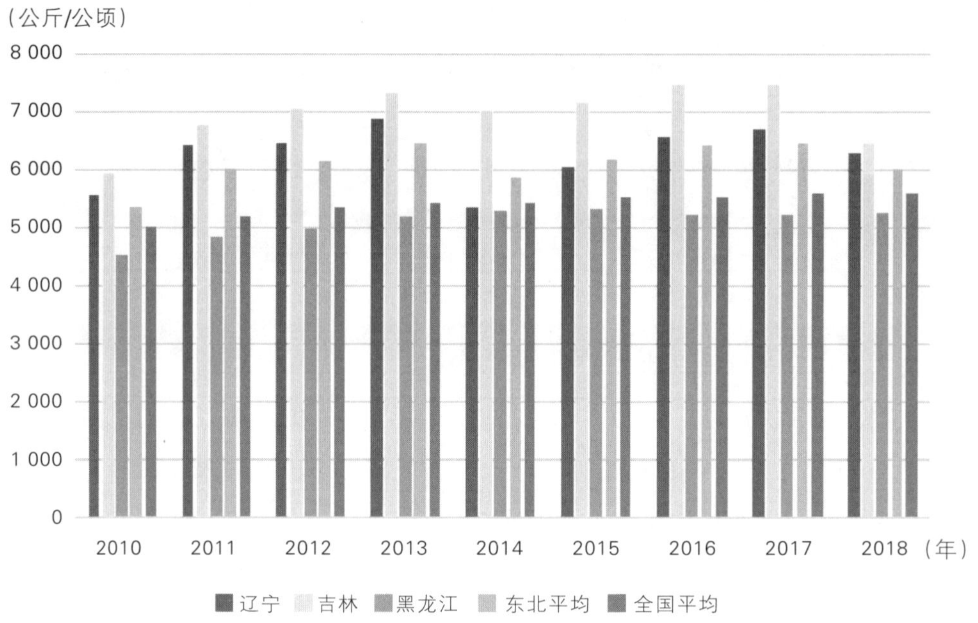

图4-4　2010—2018年东北三省粮食单位面积产量与全国平均水平对比图

三、东北农村农业的优势

东北农业农村之所以能够取得上述成果，与其特有的优势密不可分，主要表现为三个层面：一是有自然优势，东北是温带季风气候，气温低，病虫害少；地形开阔，黑土肥沃；森林覆盖率高。二是有区域优势，交通便利，国内国外市场融合性较好。三是有历史和政策优势，东北是老工业基地，农业机械化水平基础较好，并且有国家相关政策和制度的长期驱动和扶持。

四、东北农业农村的四组数据

在了解了东北农业农村的成果和优势后，接下来本文通过4组数据来分析、了解东北的农业农村情况。

首先，来看小麦、玉米、豆类、油料市场农产品的单位面积产量分析图。从图4-5至图4-8可以看出，东北平均小麦单产低于全国平均水平，玉米单产高于全国平均水平，豆类单产略高于全国平均水平，油料单产则基本与全国平均水平持平。

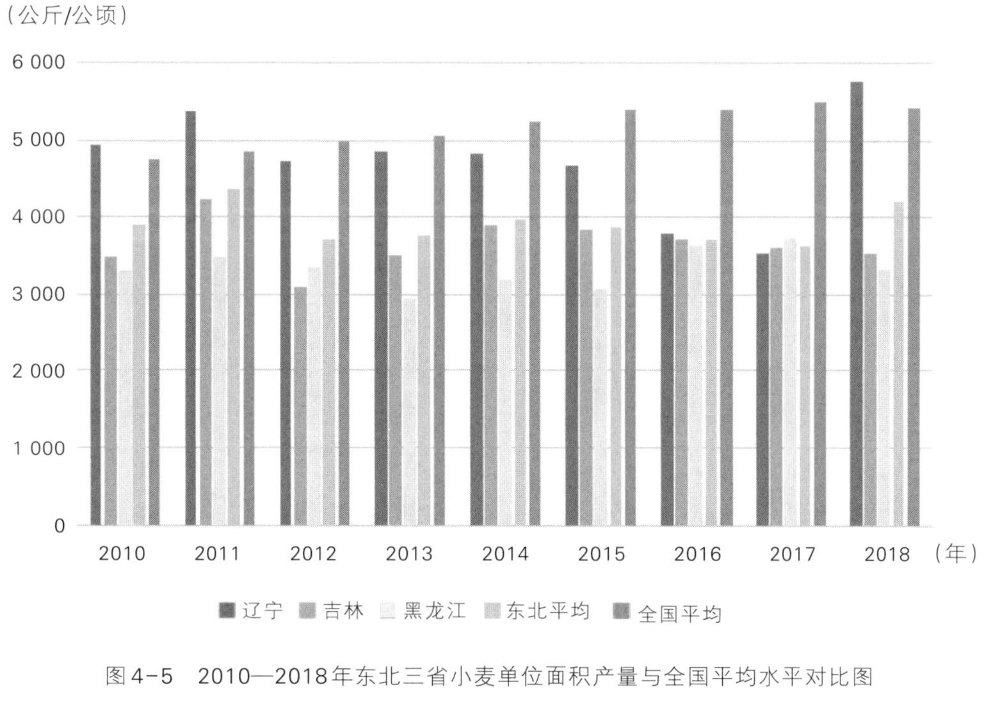

图4-5　2010—2018年东北三省小麦单位面积产量与全国平均水平对比图

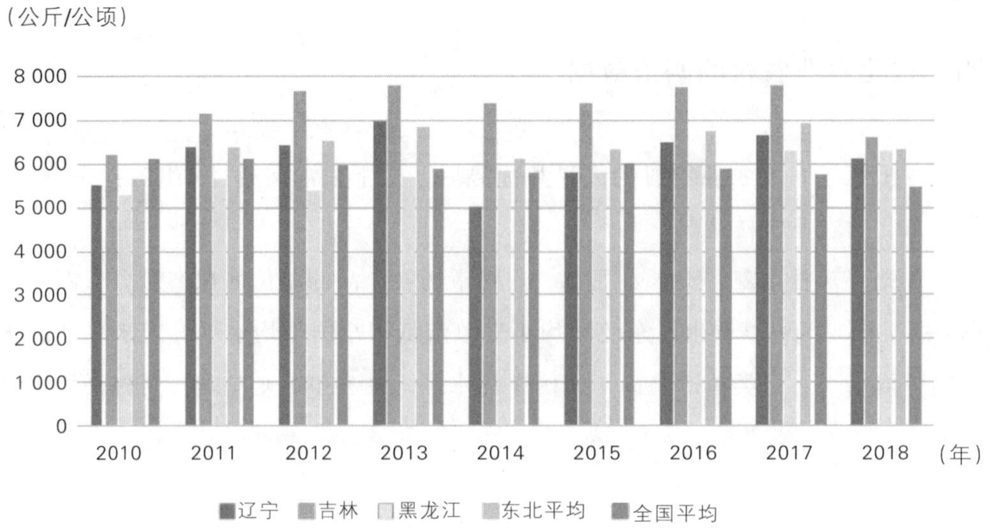

图4-6　2010—2018年东北三省玉米单位面积产量与全国平均水平对比图

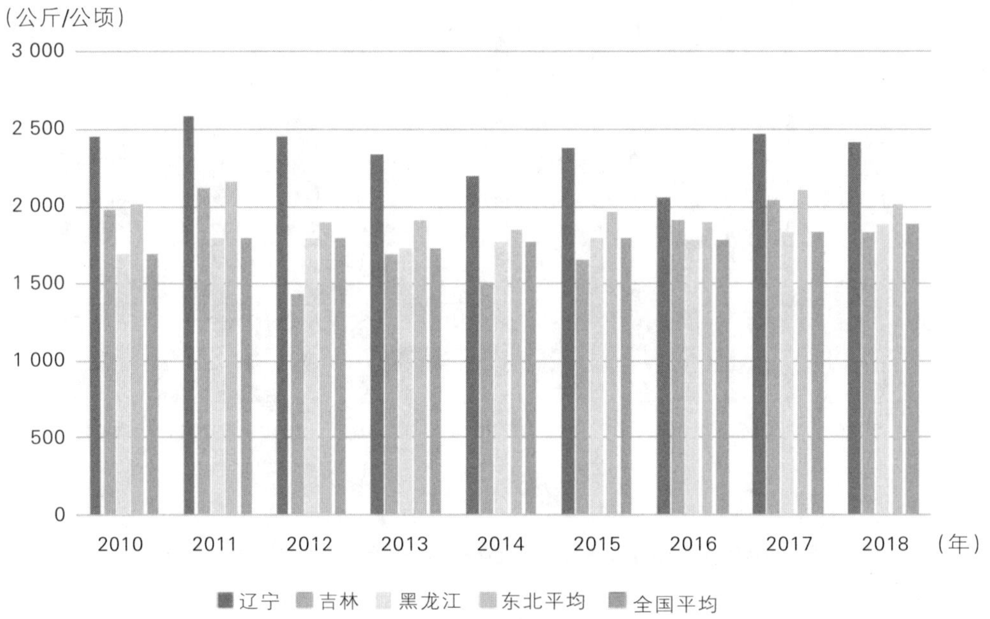

图4-7　2010—2018年东北三省豆类单位面积产量与全国平均水平对比图

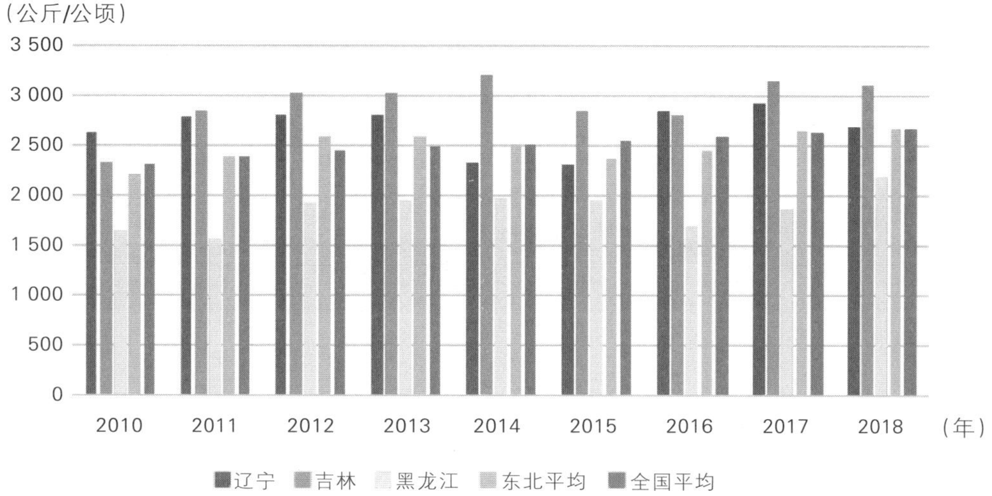

图4-8　2010—2018年东北三省油料单位面积产量与全国平均水平对比图

其次，自然灾害和有效灌溉面积分析图如图4-9、图4-10所示。从受灾面积看，旱灾是东北近10年面临的主要自然灾害，并且还有扩大的趋势，而全国旱灾面积则呈现下降趋势。

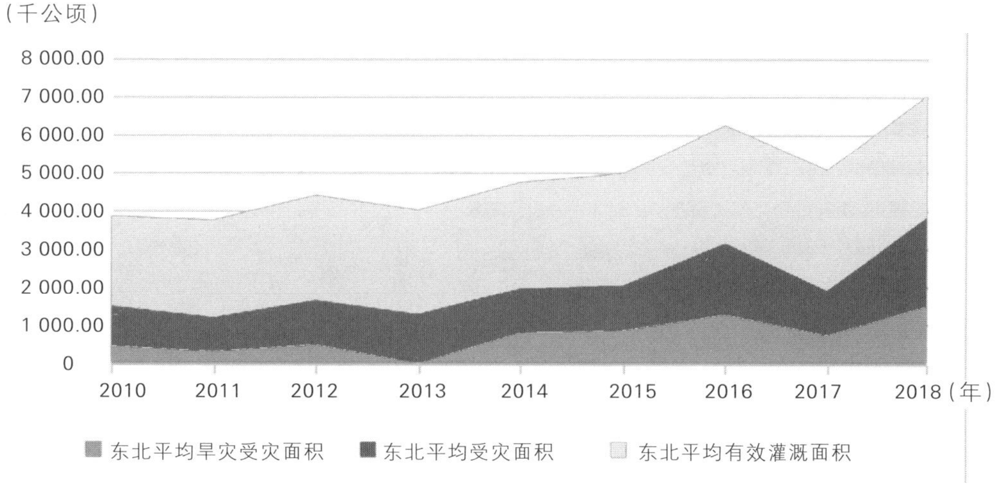

图4-9　2010—2018年东北平均旱灾、受灾、有效灌溉面积情况图

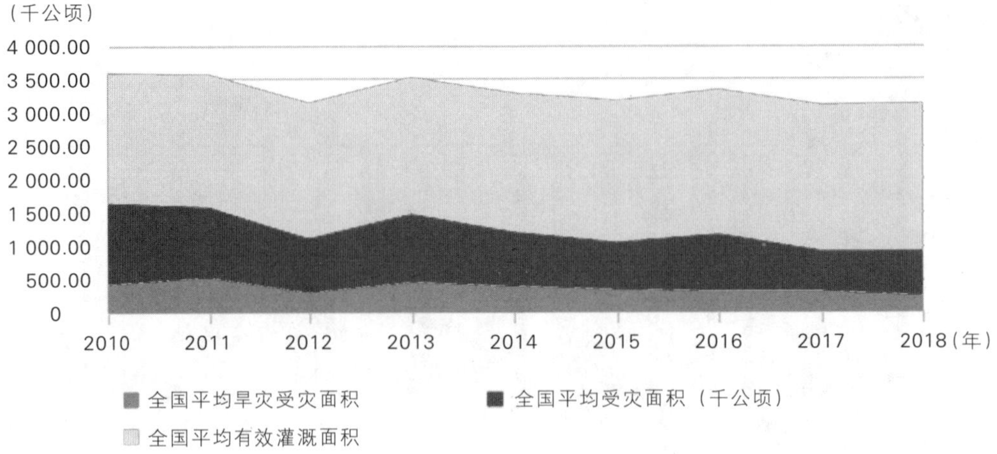

图4-10　2010—2018年全国平均旱灾、受灾、有效灌溉面积情况图

接着来看我国主要农产品进出口数量分析图，如图4-11、图4-12所示。通过进出口对比分析，可以看出我国主要农产品虽然有少量出口，但与进口相比数量较少，其中大豆和谷物的进口量最多。

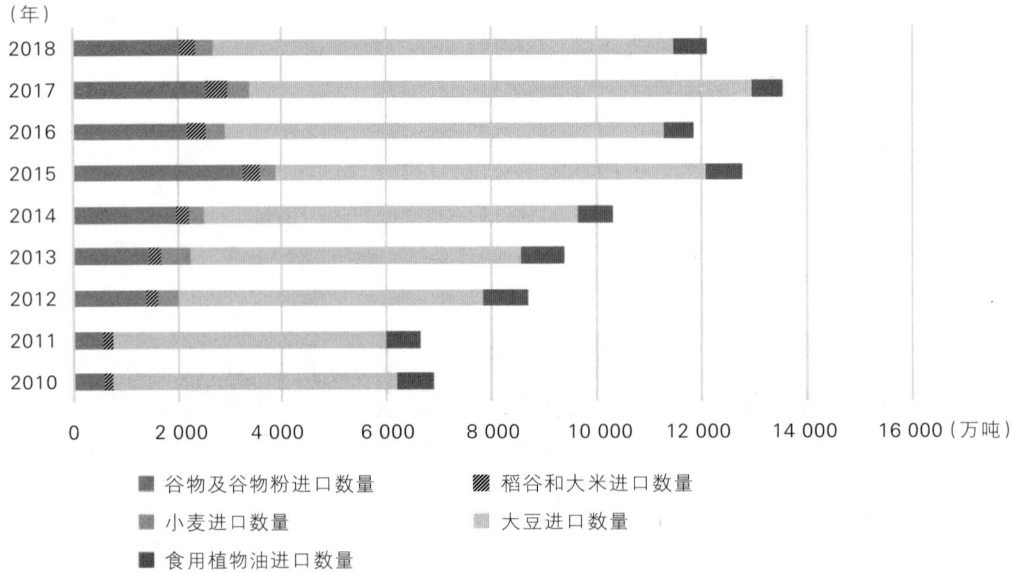

图4-11　2010—2018年我国主要农产品进口数量

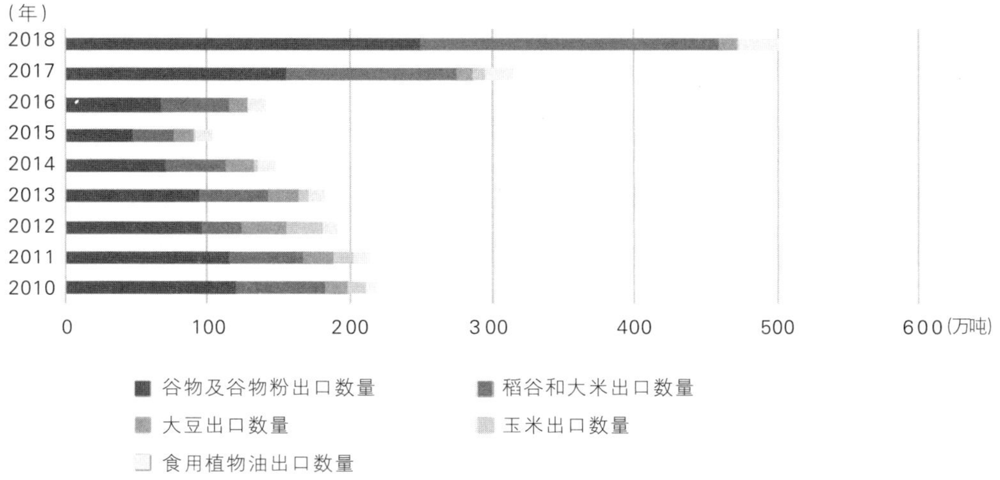

图4-12　2010—2018年我国主要农产品出口数量

最后再看几组脱贫攻坚的调研数据。通过图4-13、图4-14对脱贫攻坚数据的分析，我们发现东北易地搬迁户比例较低，说明当地生产生活环境可能较好，不过其危改比例较高，且和子女同住比例较高，说明这里的农户倾向于与子女同住，家庭氛围和谐，但住房陈旧。

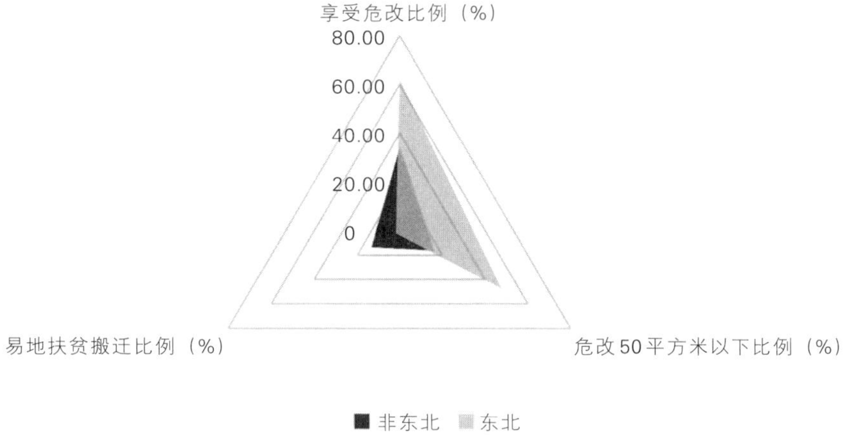

图4-13　脱贫攻坚中的危改和易地扶贫搬迁情况

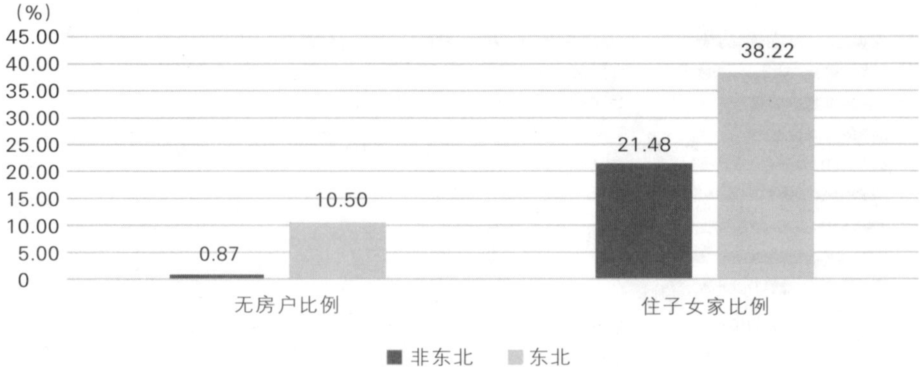

图4-14　贫困户住房情况

此外，通过进一步对贫困户家庭人口结构分析图和新增收入来源分析图进行分析，如图4-15、图4-16所示，我们发现东北地区人口老龄化较为严重，且转移性收入占比较高。

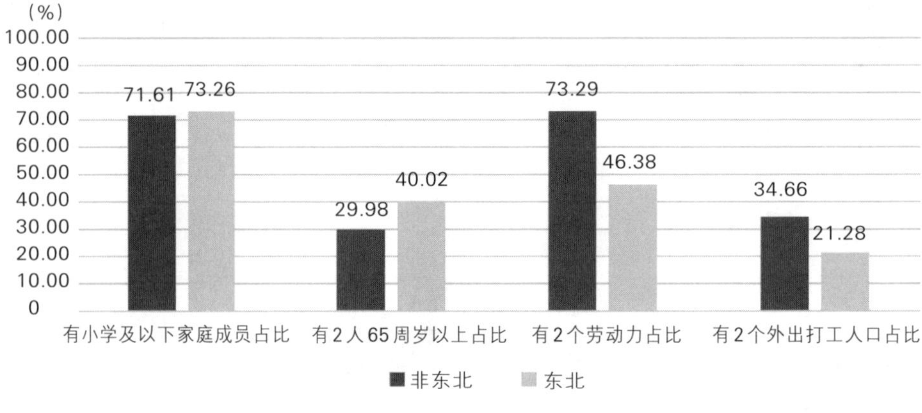

图4-15　贫困户家庭人口结构

通过上述多组数据的对比分析，我们能看到四种现象：

一是东北机械化水平高于全国平均水平，但农产品单位面积产量不高。

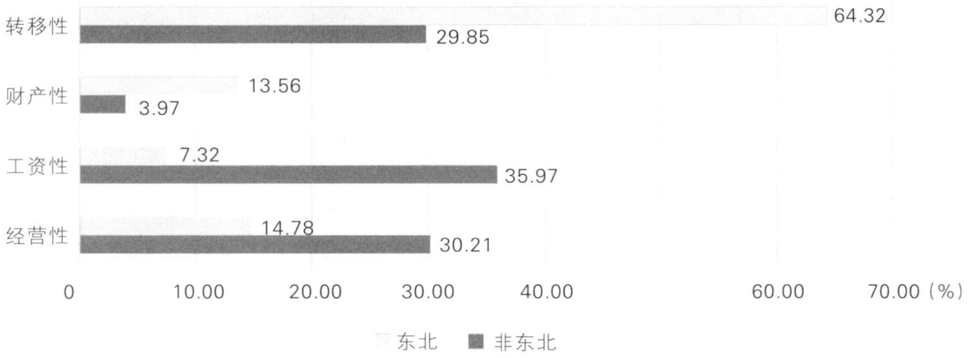

图4-16 贫困户家庭新增收入来源占比

二是东北旱灾严重，并且有扩大趋势。

三是主要农产品中大豆和谷物进口量大，而东北曾是世界著名的商品大豆产区。

四是人口老龄化，新增收入中转移性收入占比较高。

上述四个现象对应的本质分别是生产方式是粗放式的和外延式的，生产效率不高；智能抗灾害能力差；农产品供给质量有待提高；劳动力要素配置不合理，政府转移支付比例过高。

五、建议和发展方向

以上的对比分析明晰了东北农业农村的优势和不足。振兴东北是全方位的，因而农业农村不容忽视，尤其是在计划经济时代，东北农业农村曾处于相对领先地位。那么在新时代社会主义市场经济下，东北的农业农村该如何实现振兴呢？本文有以下三点建议：

一是在提升机械化水平的同时，提高单位面积产量，改变传统的外延式、粗放式的生产方式。

二是旱灾影响范围呈扩大趋势，应重点加强基础设施建设和维护，发展节水农业和数字农业，改变单一的产品结构，尝试种植耐旱作物。

三是以市场为导向，加快供给侧结构改革，提升农产品供给质量，平衡产品市场供求关系。

此外，基于地区间存在差异，结合东北农业农村实际情况，本文提出一些可能的振兴发展方向。

首先是针对贫困地区，实行振兴东北农业农村与产业扶贫政策的融合。产业扶贫实践主要以传统种植、养殖为主，贫困地区可以参考市场导向、特色种植、差异化竞争、优质发展等指标进行产业选择。产业扶贫中较为典型的模式有村两委带动型、龙头企业带动型、能人带动型和合作社带动型；较为有代表性的模式是“大米姐水稻种植专业合作社”。

其次是针对农业农村有一定发展的一些地区，实行振兴东北农业农村与高质量发展融合。由于农产品生产在该地区有一定的基础，因而更应注重农产品的结构和布局，生产高质量农产品，推进创新管理等。典型的做法是以市场为导向进行供给侧结构性改革。

最后是针对农业相对发达地区实行振兴东北与数字经济结合。在农村相对发达的地区，因为有一定的数字经济基础设施，因此可以推进数字农业产业化和农业产业数字化。所谓数字农业产业化，即将数字农业进行产业化发展；所谓农业产业数字化，即在农村进行数字化双向发展试点，拓宽数字农业内涵，将信息化融入农业发展。

当然，振兴东北农业还需要遵循规律，因地制宜，如借助差异化发展、特色化种植和养殖、产业聚集等方式。

区域创新效率对高技术产业出口复杂度的影响
——省际与区际的比较

王绍媛[1] 王镱锦[2]
[1]东北财经大学国际经济贸易学院原院长、教授、博士生导师
[2]东北财经大学国际经济贸易学院2018级国际贸易学硕士研究生

一、引言

正在重构的国际贸易规则与日益抬头的贸易保护主义相互交织，发达国家高端制造业回流与发展中国家争夺中低端制造业，在这种双重挤压的背景下，作为既能反映一国出口商品的结构和质量，又能反映制造业生产技术水平的“出口复杂度”成为关系着一国对外贸易健康发展的重要指标。1990年以来，我国商品出口规模持续增长、出口结构逐渐转变，出口产品从传统的劳动密集型产品逐渐转向资本密集型产品、技术密集型产品，高技术产业的发展优势逐渐显现出来。高技术产业的出口规模从2006年的2 731亿美元增长到2017年的5 043亿美元，但占比却由2006年的30.5%下降到2017年的23.8%。高技术产业的飞速发展意味着中国在世界经济贸易中的竞争力不断增强，如何提升高技术产业的出口量是值得关注与研究的问题。

实施创新驱动发展首先要实现效率的提升，但制约我国区域创新系统效率提升的关键因素在东、中、西部区域是不尽相同的，本文从省际和区际的角度对此进行比较分析。

二、高技术产业出口复杂度的比较

高技术是对一类产品、行业或者企业进行技术评价的术语，“高”是指不仅需要较强的知识体系和高质量人才，还需要更多复杂的尖端技术融合；“技术”涵盖了自然科学理论和最新的工艺技术等众多领域，即能够为社会带来巨大经济、社会和环境效益的技术，能形成产业的尖端技术或新技术。

国际上采用较多的界定标准是美国标准和OECD标准。美国标准对高技术产业的认定基于科技人员数量和研发质量，其认为高技术产业包括现代信息技术、生物工程和高能材料产业。OECD的界定标准则基于研发强度，1986年OECD将经费强度最高的6个行业定义为高技术产业，包括计算机及办公设备、电子及通信设备、航空航天器、医药制造业、专用科学仪器设备和电气机械及设备；1994年OECD将高技术产业目录由6大产业调整为4大产业；2001年OECD又重新界定了高技术产业，形成5个分类，分别是航空航天制造业、计算机及办公设备制造业、电子及通信设备制造业、医药制造业、专用科学仪器设备制造业。

OECD定义高技术产业的标准是依据一些具有代表性的国家和22个典型的制造产业，在指标选取上既考虑了国家间的比较，也考虑了高技术产业的特征。《中国高技术产业统计年鉴》对高技术产业的统计与OECD的界定标准相同。因此，本文的分类方法采用OECD标准。

Hausman（2003）首次提出“复杂度”这一概念，指出生产率水平高的国家出口的产品比生产率水平低的国家出口的产品拥有更高的技术含量。Hausman对出口复杂度的定义备受推崇，为测度产品技术含量领域的研究做出了重要贡献。出口复杂度为任何一个区域、产业和出口产品在任意时间段赋予相应数值，用以研究各地区或国家出口产品的质量、技术含量和劳动生产率，为国际贸易格局动态演进提供了崭新的研究方法。基于此，本文将高技术产业出口复杂度理解为高技术产业出口的劳动生产率和技术含量的显性表示。

Hausman（2007）构建PRODY指数用以计算产品的出口复杂度：

$$PRODY_b = \sum_a \frac{X_{ab}/X_a}{\sum_a X_{ab}/X_a} \cdot Y_a \tag{1}$$

式中，$PRODY_b$代表产品b的出口复杂度。b表示不同的产品，a表示不同的省份。Y_a代表a省实际人均地区生产总值，X_{ab}代表a省b类产品的出口总额，X_a代表a省的出口总额。

$$EXPY_a = \sum_b \frac{X_{ab}}{\sum_b X_{ab}} \cdot PRODY_b \tag{2}$$

利用公式2可以将产品出口复杂度进行加总，得到高技术产品复杂度的总和。$EXPY_a$代表a地区高技术产业的出口复杂度，是该地区各类高技术产品出口复杂度的加权平均，权重为每类高技术产品出口额占所有高技术产业总出口额的比重。其数值越大说明一国或地区高技术产业出口复杂度越大。

图4-17显示，2007—2017年，我国高技术产业各行业的出口复杂度除个别年份有些许波动外，整体而言在稳步提升。从绝对量上来看，航空航天制造业增长量最大，由20 169元增长至81 288元；电子设备及通信制造业增长量最小，由31 306元增长至65 362元。从各行业均值来看，医药产品制造业的均值最低，为37 707元；医疗设备及仪器仪表制造业均值最高，为49 954元。航空航天制造业的出口复杂度增长趋势最不平稳，在2012年和2016年复杂度水平有明显降低。从年平均增长率来看，航空航天制造业年平均增长率最高，为14.957%，其他依次为医药产品制造业、医疗设备及仪器仪表制造业、计算机及办公设备制造业和电子设备及通信制造业，其中电子设备及通信制造业的年平均增长率为7.64%。总体而言，我国高技术产业各个行业的出口复杂度稳步提升，且随着经济发展，各行业的出口复杂度差距在不断缩小，这表示我国高技术产业发展齐头并进、共同提高。

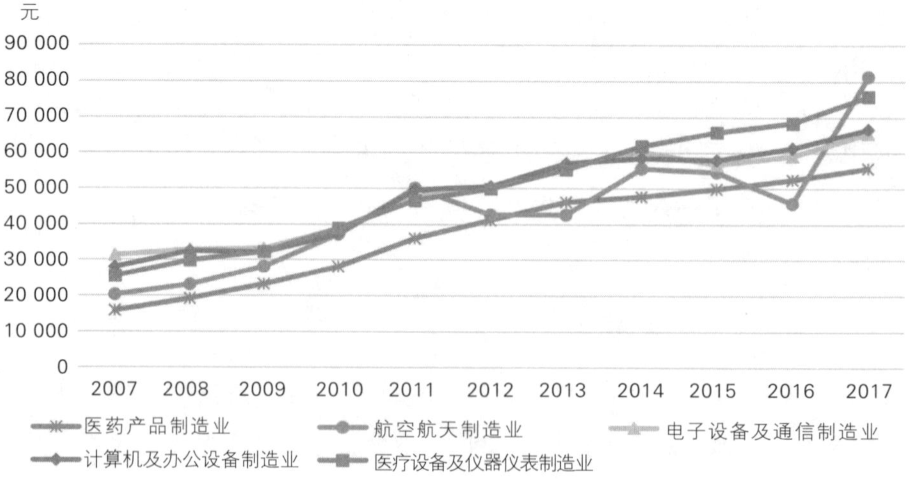

图4-17　2007—2017年我国高技术产业出口复杂度

数据来源：根据样本数据计算所得。

中国各年度各省级行政区域高技术出口复杂度的值如表4-1所示，依据各省份2007—2017年出口复杂度的均值由高到低排列，整体上呈现明显的逐年上升趋势，个别省份某一年份可能存在轻微的下降趋势，不过总体均呈现上升趋势。广东、北京、上海、江苏和天津的高技术产品出口复杂度处于领先地位，山西、云南、甘肃、内蒙古、宁夏的出口复杂度较低。

从区域层面看，如表4-2所示，截至2017年，东、中、西部地区的出口复杂度呈现由高到低的格局。在东部区域，南部沿海地区的出口复杂度最高，接下来依次为东部沿海地区、北部沿海地区和东北地区；在中部区域，长江中游地区的复杂度高于黄河中游地区，长江中游区域中武汉、湖南、安徽等省份发展较快，技术水平提升相对较大；从西部区域来看，大西南地区比大西北地区的出口复杂度高，且大西南地区的贵州、重庆和四川近些年发展迅猛，特别是贵州省在贵阳建立了大数据产业园区，吸引了大批芯片、互联网等高技术企业，其技术水平显著提升，出口复杂度也随之提高。从2007—2017年八大区域出口复杂度均值来

表4-1　中国省际①高技术产业出口复杂度　单位：元

地区/年	2007	2009	2011	2013	2015	2017	均值
广东	30 384	32 730	47 492	55 950	57 043	65 939	48 158
北京	29 572	32 495	46 509	54 672	57 932	66 535	47 785
上海	28 990	31 989	46 777	55 308	57 591	66 611	47 763
江苏	28 402	31 603	46 301	54 943	57 465	66 239	47 439
天津	28 162	31 494	46 138	54 756	56 863	66 377	47 200
安徽	27 845	31 580	45 620	54 054	57 143	65 370	46 960
海南	25 526	31 350	47 075	54 300	56 598	62 491	46 909
浙江	26 814	30 680	45 495	54 173	57 110	65 456	46 560
福建	25 361	31 041	43 990	54 675	57 305	66 138	46 312
吉林	24 602	30 447	45 464	54 209	55 241	67 500	45 789
陕西	22 018	29 897	45 965	52 596	56 982	65 587	45 541
重庆	21 983	27 916	44 057	54 079	56 511	64 745	44 944
辽宁	20 745	28 560	44 556	53 110	56 664	64 438	44 566
四川	21 784	29 201	43 617	52 661	56 020	63 818	44 406
江西	19 463	29 909	43 991	53 284	56 092	63 704	44 393
湖北	22 514	28 107	41 653	52 028	56 086	64 959	44 196
山东	24 187	28 281	42 937	51 972	54 844	63 534	44 173
河南	20 638	27 291	40 232	50 434	56 402	66 079	43 796
新疆	23 104	30 883	45 704	51 963	53 020	65 320	43 763
贵州	18 113	30 003	42 634	49 806	56 561	65 062	43 692
青海	21 843	25 396	39 744	51 545	56 821	62 298	42 893
湖南	19 765	27 481	39 517	51 104	54 420	64 855	42 592
河北	19 254	27 131	42 698	50 818	53 902	60 588	42 506
广西	18 461	26 981	38 550	50 226	55 582	65 442	42 094

① 西藏、台湾、香港、澳门数据不全，不在研究范围内。

续表

地区/年	2007	2009	2011	2013	2015	2017	均值
黑龙江	18 377	25 148	38 064	46 196	55 790	61 635	41 133
山西	17 798	26 350	41 005	48 545	52 729	61 121	41 082
云南	18 284	24 585	38 918	49 238	52 697	65 079	41 012
甘肃	17 796	25 406	39 282	49 674	54 930	61 120	40 723
内蒙古	16 357	24 612	42 403	46 382	50 180	60 006	39 411
宁夏	16 464	23 344	36 423	46 596	50 720	58 183	38 500

数据来源：由样本数据计算所得。

看，南部沿海区域高于东部沿海区域，可能的原因是以广东为主要推动力的南部沿海区域虽然发展迅猛、出口复杂度在全国最高，但自2015年起，广东就被上海、江苏和浙江反超，可见东部沿海区域正以更快的速度发展高技术产业。值得关注的是，上海在2019年8月正式启动运营临港新片区，重点发展以集成电路、人工智能、生物医药、民用航空、新能源汽车、装备制造、绿色再制造7个领域为代表的前沿产业，促进新片区形成智能制造业的功能集聚。东部沿海区域的创新动能与活力可见一斑。

表4-2　　中国区际高技术产业出口复杂度　　单位：元

地区/年	2007	2009	2011	2013	2015	2017	均值
北部沿海	26 035	28 474	29 906	35 586	44 281	47 753	52 950
东北地区	20 470	23 897	27 949	33 469	43 061	47 064	51 912
东部沿海	28 152	30 421	31 460	37 354	46 200	49 295	54 793
南部沿海	29 772	31 865	32 508	37 900	46 972	50 058	55 760
黄河中游	19 541	24 187	27 383	33 107	41 735	45 567	50 270
长江中游	22 945	25 856	29 390	35 000	43 082	47 225	52 867
大西南	20 224	24 065	27 860	32 667	42 237	46 829	52 257
大西北	21 977	25 457	30 013	33 907	44 167	46 161	51 147

数据来源：由样本数据计算所得。

三、高技术产业创新效率的比较

1992年Cooke提出区域创新系统，意指在特定区域内各种创新组织共同参与、进行多样化创新生产而形成的区域性组织体系。国外对各种创新组织的界定主要包括企业、高校、金融机构及研究机构；国内对创新组织的界定主要包括企业、高校、金融机构、研究机构和政府。

我们重点研究创新效率，所以从投入产出的角度来定义区域创新系统，即将区域创新系统定义为在一定区域内投入一定的创新资源获得创新产出的系统。企业、高校、金融机构、科研机构及地方政府等各要素之间的有效协调与联结对创新效率的提升具有重要影响，创新投入转化为产出正是这些要素相互作用的结果。

前沿分析法是目前使用最广泛的测度创新效率的方法，本文选取随机前沿分析SFA方法测算省际、区际层面的高技术产业创新效率，设定公式（3）。

$$\ln y_{it}=\beta_0+\beta_1\ln(person_{it})+\beta_2\ln(money_{it})+v_i-[\delta_0+\rho w\ln y_{it}+\delta_1\ln(gxrs_{it})+\delta_2\ln(jszb_{it})+\varepsilon_{it}] \tag{3}$$

1.产出变量

从目前的文献研究来看，衡量创新产出的指标比较多样，专利数在学术界被广泛认可为产出指标，它是高技术企业研发活动最直接的体现。在我国，专利包括发明、实用新型和外观设计三种类型，实用新型和外观设计专利与发明专利一样可以为创新主体带来经济价值。因此，为了能更全面地反映区域创新能力，本文以发明专利、实用新型专利和外观设计专利这三项专利的授权量总和作为创新产出指标。

2.投入变量

研发创新的投入通常由R&D人员投入和R&D经费支出两个变量来表征。本文选取高技术产业R&D人员全时当量，以及高技术产业R&D项目经费为投入变量。在公式3中，y_i为三种专利的授权量，$person_i$为不同地区研发人员全时当量，$money_i$为不同地区研发项目经费。

3.控制变量

根据现有多数文献的做法，本文对包括劳动者素质、高技术产业发展程度等可能影响区域创新效率的因素进行了控制。劳动者素质用各省高校毕业生人数表示，高技术产业发展程度用技术市场成交额占地区生产总值的比例衡量。此外，考虑到创新活动可能存在的空间联系，本文将空间效应变量作为控制变量加入模型中。

在公式3中，wlny为空间解释变量；ρ为空间解释变量系数；gxrs表示劳动者受高等教育的程度，用每百万人高校毕业生人数表征；jszb表示高技术产业发展程度，用技术市场成交额占地区生产总值的比例来衡量。

我国的30个省级行政区域2007—2017年的创新效率值以及11年的创新效率均值如表4-3所示。可以看出，在此期间各省市的创新效率值均逐渐提升，其中江苏、浙江和广东的创新效率值领跑全国，且提升幅度最大，青海、宁夏和海南的创新效率值最低。

表4-3　　2007—2017年30个省际区域创新效率值

地区/年	2007	2008	2009	2010	2011	2012	2013	2014	2015	2016	2017	均值
北京	0.061	0.070	0.093	0.139	0.169	0.209	0.260	0.314	0.397	0.424	0.450	0.235
天津	0.022	0.026	0.029	0.043	0.055	0.079	0.100	0.106	0.152	0.161	0.170	0.086
河北	0.020	0.021	0.026	0.038	0.042	0.059	0.070	0.077	0.118	0.125	0.130	0.066
山西	0.007	0.009	0.012	0.018	0.018	0.027	0.030	0.032	0.039	0.039	0.044	0.025
内蒙古	0.005	0.005	0.006	0.008	0.008	0.012	0.014	0.015	0.021	0.022	0.024	0.013
辽宁	0.037	0.042	0.048	0.067	0.076	0.084	0.085	0.078	0.100	0.100	0.107	0.075
吉林	0.011	0.011	0.012	0.016	0.019	0.022	0.024	0.026	0.034	0.039	0.040	0.023
黑龙江	0.016	0.017	0.019	0.026	0.047	0.080	0.078	0.061	0.075	0.071	0.070	0.051
上海	0.098	0.098	0.141	0.196	0.196	0.210	0.198	0.204	0.247	0.264	0.298	0.195
江苏	0.126	0.177	0.351	0.569	0.828	1.000	0.990	0.830	1.000	0.960	0.924	0.705

续表

地区/年	2007	2008	2009	2010	2011	2012	2013	2014	2015	2016	2017	均值
浙江	0.167	0.211	0.320	0.459	0.524	0.763	0.820	0.762	0.962	0.907	0.880	0.616
安徽	0.013	0.017	0.033	0.062	0.129	0.172	0.190	0.194	0.239	0.247	0.240	0.140
福建	0.029	0.030	0.043	0.070	0.085	0.120	0.140	0.149	0.244	0.266	0.270	0.131
江西	0.008	0.009	0.011	0.017	0.021	0.031	0.038	0.054	0.095	0.125	0.130	0.049
山东	0.089	0.104	0.136	0.204	0.236	0.304	0.310	0.292	0.399	0.400	0.410	0.262
河南	0.027	0.034	0.044	0.064	0.074	0.104	0.120	0.130	0.187	0.194	0.220	0.109
湖北	0.025	0.032	0.044	0.069	0.075	0.097	0.120	0.114	0.158	0.171	0.190	0.100
湖南	0.022	0.023	0.032	0.054	0.062	0.091	0.096	0.104	0.135	0.135	0.150	0.082
广东	0.220	0.248	0.337	0.486	0.525	0.628	0.704	0.741	1.000	1.000	1.100	0.635
广西	0.007	0.008	0.010	0.013	0.016	0.022	0.030	0.037	0.051	0.057	0.059	0.028
海南	0.001	0.001	0.002	0.003	0.003	0.004	0.005	0.006	0.008	0.007	0.008	0.004
重庆	0.019	0.019	0.029	0.047	0.061	0.080	0.099	0.097	0.154	0.171	0.137	0.083
四川	0.038	0.052	0.079	0.120	0.112	0.169	0.185	0.189	0.264	0.253	0.259	0.156
贵州	0.006	0.006	0.008	0.011	0.013	0.023	0.030	0.039	0.055	0.040	0.049	0.025
云南	0.008	0.007	0.011	0.014	0.016	0.022	0.026	0.031	0.045	0.047	0.055	0.026
陕西	0.013	0.016	0.024	0.039	0.046	0.060	0.084	0.092	0.136	0.200	0.140	0.077
甘肃	0.004	0.004	0.005	0.007	0.009	0.014	0.018	0.020	0.027	0.031	0.038	0.016
青海	0.001	0.001	0.001	0.001	0.002	0.002	0.002	0.002	0.005	0.005	0.006	0.003
宁夏	0.001	0.002	0.003	0.004	0.002	0.003	0.004	0.005	0.007	0.010	0.016	0.005
新疆	0.006	0.006	0.007	0.010	0.010	0.013	0.019	0.019	0.033	0.027	0.030	0.016

区际及全国的效率均值如表4-4所示。总体来看，我国各区域创新效率在11年内均有所提升，其中沿海地区的创新效率高于内陆地区。东部沿海地区的创新效率一直是八大区域中最高的，由2007年的0.130提升至2017年的0.701，年平均

增长率为16.52%。东部沿海地区的省市在全国范围内属于高创新效率省市，其中江苏省2017年创新效率高达0.924。南部沿海地区和北部沿海地区2017年的创新效率分别为0.459和0.290，但北部沿海地区创新效率的年平均增长率为17.76%，略高于东部和南部沿海地区。北部沿海地区以北京和山东为首，提升了总体的创新效率。东北地区创新效率在2007年时排名第四，但在2017年排名降至第七，年均增长率仅为11.74%，为所有区域中最低。黄河中游地区与长江中游地区发展快速，年平均增长率分别高达21.10%和23.82%。2009年9月国务院常务会议讨论并原则通过《促进中部地区崛起规划》，从2009年起我国中部地区创新效率增长率快速提高并于2010年左右赶超东北地区。西部地区整体创新效率低于中部和东部地区，其中大西南地区创新效率略高于黄河中游地区，年平均增长率为19.62%。大西北地区2017年创新效率为0.022，虽在八个区域中最低，但其年均增长率高达20.83%，高于沿海地区。大西南和大西北地区创新效率增长率较高，与国家近年来实施有力促进西部地区发展的西部大开发战略、"一带一路"倡议等有关。

表4-4　　　　中国八大经济区际创新效率对比

年/地区	东北地区	北部沿海	东部沿海	南部沿海	黄河中游	长江中游	大西南	大西北
2007	0.021	0.048	0.130	0.083	0.013	0.017	0.016	0.003
2008	0.023	0.055	0.162	0.093	0.016	0.020	0.019	0.003
2009	0.026	0.071	0.271	0.127	0.021	0.030	0.027	0.004
2010	0.036	0.106	0.408	0.186	0.032	0.050	0.041	0.005
2011	0.047	0.126	0.516	0.204	0.037	0.072	0.044	0.006
2012	0.062	0.163	0.658	0.251	0.051	0.098	0.063	0.008
2013	0.062	0.185	0.669	0.283	0.062	0.111	0.074	0.011
2014	0.055	0.197	0.599	0.316	0.067	0.117	0.079	0.012
2015	0.070	0.267	0.736	0.417	0.096	0.157	0.114	0.018
2016	0.070	0.278	0.710	0.424	0.114	0.170	0.114	0.018
2017	0.072	0.290	0.701	0.459	0.107	0.178	0.112	0.022
年平均增长率	11.74%	17.76%	16.52%	16.79%	21.10%	23.82%	19.62%	20.83%

四、创新绩效对高技术产业出口复杂度的影响——省级数据

（一）模型设定

本文选取省级创新效率（cxxl）作为核心变量，根据以往研究文献的结论，结合我国高技术产业情况及面板数据的可得性，选取外商直接投资（fdi）作为外部推动指标，选取基础设施（jcss）作为内部指标，选取高技术投资额（invest）作为要素禀赋指标和控制变量。同时为减小数据的不平稳性、在一定程度上克服异方差性，本文将模型中的部分变量作对数处理，设定计量公式4：

$$\ln exp_{it} = \eta_0 + \eta_1 cxxl_{it} + \eta_2 \ln(fdi_{it}) + \eta_3 \ln(jcss_{it}) + \eta_4 \ln(invest_{it}) + \varepsilon \quad (4)$$

在公式4中，exp_{it}为i省t时期的出口复杂度；η_0为截距项；fdi_{it}为i省t时期的外商直接投资水平；$jcss_{it}$为i省t时期的基础设施水平；$invest_{it}$为i省t时期的高技术投资额水平；ε为扰动项，服从正态分布。

（二）变量说明及数据来源

1.外商直接投资水平（fdi）

在我国创新发展的过程中，技术创新的主要来源是：通过自主研发实现自主创新，以及通过技术引进消化吸收再创新。大量研究表明，FDI主要从技术溢出、人员流动和产业关联效应角度影响东道国的出口复杂度。外商直接投资水平用各省级行政区域实际利用外商直接投资额表示。

2.基础设施水平（jcss）

完善的基础设施水平一方面可以降低企业的生产成本及调整成本，进而提高产品出口技术含量；另一方面，基础设施水平的提高有利于市场扩张与区域便捷性提高，实现贸易集聚、人才集聚等集聚效应，从而在提升技术水平的同时提高产品的出口复杂度。为区分各地区基础设施水平的差异性，本文采用铁路里程、公路里程两者之和与各地区土地面积之比表示交通基础设施水平。

3. 高技术投资额（invest）

表4-5为高技术产业企业的固定资产投资情况，数据口径为投资额在50万元以上的基础建设项目和更新改造项目的基本情况。高技术企业投资规模将直接影响科技创新产出效率。

表4-5　各变量统计性描述

Variable	Mean	Sd	Min	Max	N
lnexp	10.6037	0.3415	9.8438	11.0719	330
cxxl	0.1348	0.2144	0.0008	1	330
lnfdi	14.5258	1.6204	9.2033	16.9323	330
lnjcss	-4.4716	0.7607	-6.1124	-2.4206	330
lninvest	5.1981	1.5874	0.1906	8.3959	330

（三）回归结果分析

本文采用Hausman检验确定应采用固定效应模型，运用STATA 15.0软件对高技术产业数据进行回归，结果如表4-6所示。

表4-6　创新效率对高技术产业出口复杂度影响的面板回归估计结果

	(1)	(2)	(3)	(4)
	lnexp	lnexp	lnexp	lnexp
cxxl	1.729^{***} (11.47)	1.392^{***} (9.75)	1.218^{***} (8.64)	0.446^{***} (5.31)
lnfdi		0.279^{***} (8.13)	0.191^{***} (5.14)	0.047^{**} (2.21)
lnjcss			0.693^{*} (5.15)	0.352^{***} (4.63)
lninvest				0.285^{***} (25.81)
_cons	10.370^{***} (398.72)	6.357^{***} (12.87)	10.763^{***} (11.00)	9.948^{***} (18.27)
R^2 N	330	330	330	330

注：* p< 0.10，** p< 0.05，*** p< 0.01。

在全国整体层面，模型通过F检验，且$R^2=0.84$，拟合度较高。其中模型（2）到（4）依次加入国外环境因素（fdi）、国内环境因素（基础设施水平），以及国内高技术支持情况（高技术投资额），以比较不同影响因素对高技术产业出口复杂度的提升效应。

从表4-6可以看出，模型（1）到（4）带有空间效应的创新绩效对出口复杂度的影响因素均在1%的显著性水平上显著，符号为正，且各模型中的系数均高于其他影响因素，说明创新效率对高技术产品出口复杂度的影响相对最大，是出口复杂度增长的决定因素。因高技术产品本身具有高技术含量，且价格较高，而创新是保证其技术优势的主要途径，因此提升高技术行业的创新能力，有助于我国在医药、航空、电子及通信制造业等五大高技术行业快速发展，在国际上占据领先地位。

模型（2）增加了外商直接投资变量（fdi）。首先，该变量在1%的显著性水平上显著，且符号为正，表明它能够正向影响高技术产品的出口复杂度。我国的外商直接投资多集中于高技术产业，外商直接投资是技术溢出的直接渠道，我国可以对外商的高技术产业投资进行模仿、消化、再创新，从而提升我国高技术产品的出口复杂度。

在模型（3）和（4）中加入基础设施水平变量（jcss）和高技术投资额（invest）后，基础设施指标和高技术投资额指标均在1%的显著性水平上显著，且符号为正，符合预期。二者系数均高于（fdi）变量，且（fdi）变量由在1%的显著性水平上显著降为在5%的显著性水平上显著，说明相对于（fdi）变量来说，基础设施水平和高技术投资额更能影响我国高技术产品的出口复杂度，且在一定程度上可以替代（fdi）变量对高技术产品出口复杂度的提升作用。

（四）区际创新效率对高技术产业出口复杂度的影响

我国不同区域的自然条件、地理位置的区位优势各异，加之政府在部分地区实施的一系列政策，使得各个区域在经济发展水平、市场开放程度、基础设施发展及技术创新力度上存在差异。我国区域经济发展与创新效率水平的极大不平衡性导致了不同区域的创新效率水平对高技术产业出口复杂度的影响迥异，设定公式（5）。

$$\ln exp_{it} = \eta_0 + \eta_1 cxxl_{it} + \eta_2 \ln(fdi_{it}) + \eta_3 \ln(jcss_{it}) + \eta_4 \ln(invest_{it}) + \varepsilon_{it} \quad (5)$$

利用公式5进行的回归结果见表4-7。

表4-7　　区际创新效率对高技术产业出口复杂度影响的回归结果

区域	北部地区	东北地区	东部沿海	南部沿海	黄河中游	长江中游	大西南	大西北
lnexp	（1）	（2）	（3）	（4）	（5）	（6）	（7）	（8）
cxxl	0.889*** （3.36）	4.621** （2.49）	1.127*** （5.17）	0.452*** （3.12）	-0.896 （-1.26）	-1.323* （-1.82）	-0.216 （-0.32）	-0.708 （-0.14）
lnfdi	0.049 （0.64）	0.053 （0.91）	0.018 （0.08）	0.480** （2.19）	0.166** （2.17）	0.330*** （2.89）	0.105** （2.44）	-0.068 （-1.21）
lnjcss	0.837** （2.32）	2.377*** （3.85）	0.774*** （4.93）	0.349 （1.54）	1.194*** （3.07）	0.267** （1.97）	0.367* （1.96）	0.363** （2.20）
lninvest	0.242*** （4.87）	0.215 （2.62）	-0.124 （-1.19）	0.169*** （3.89）	0.218*** （4.34）	0.271*** （11.70）	0.310*** （10.95）	0.238*** （7.99）
Cons	11.982*** （5.06）	20.605*** （6.66）	13.848*** （4.43）	3.825 （1.33）	12.891*** （5.85）	5.208*** （4.64）	9.235*** （10.22）	12.136*** （9.71）
R^2	0.92	0.93	0.71	0.89	0.90	0.97	0.89	0.82

注：* p< 0.10，** p< 0.05，*** p< 0.01。

观察中国八大经济区域的回归结果，我们发现核心解释变量创新效率在北部地区、东北地区、东部沿海地区和南部沿海地区显著为正，且除东北地区在5%的显著性水平上显著外，其他三个地区均在1%的显著性水平上显著。这与基准回归的结论是一致的。而对于黄河中游、长江中游、大西南和大西北地区，创新效率指标并不显著为正。

五、主要结论

第一，整体来看，我国5类高技术产业产品的出口复杂度随着时间发展和社会进步呈现逐年增长的趋势，平均的年增长率为11.1%。在2007—2017年间，航空航天制造业增长量最大，医药产品制造业增长量最小，各行业的出口复杂度差距在不断缩小。

第二，我国区际出口复杂度呈现明显差异，东、中、西呈现由高到低的格局。具体来说，出口复杂度最高地区依次为东部沿海地区、南部沿海地区、东北地区、北部沿海地区，其中京津冀地区的北京、长三角地区的江浙沪、珠三角地区的广东出口复杂度在区域内处于领先地位。出口复杂度较低的地区依然是西部地区，其中大西北地区出口复杂度最低。

第三，加入空间因素的随机前沿模型的测度结果显示，我国各区域创新效率在11年间均有所提升，其中沿海地区的创新效率高于内陆地区。从创新效率值来看，东部沿海地区创新效率最高，大西北地区创新效率最低；从创新效率的年平均增长率来看，东北地区的年平均增长率最低，长江中游地区的年平均增长率最高。

第四，在省际层面，创新效率、外商直接投资、基础设施和高技术投资额可以显著提高高技术产业的出口复杂度。在区际层面，不同区域出口复杂度的影响因素各不相同，其中创新效率对北部地区、东北地区、北部沿海地区和南部沿海地区的出口复杂度有显著提升作用，外商直接投资对南部沿海、黄河中游、长江中游和大西南地区有显著正向影响，基础设施情况对除南部沿海地区外的地区均有正向提升作用，高技术投资对除东北地区和东部沿海地区以外的其他地区均有显著促进作用。

第五篇

疫情后的东北产业结构调整

推进产业结构调整 实现东北全面振兴

李正强
对外经贸大学国际经贸学院研究员、大连商品交易所原党委书记、理事长

一、东北振兴的重要意义

党中央国务院一直高度重视东北地区的发展，特别是党的十八大以来，习近平总书记先后6次到东北地区调研，为东北的振兴倾注了巨大的心血。

2003年10月党中央国务院正式提出东北振兴战略；2016年4月提出东北全面振兴，全方位振兴；2019年9月又提出要推动东北地区的经济高质量发展。党中央国务院对东北地区振兴发展的目标是非常清晰的。当然也要看到，东北三省的地区生产总值增长情况不太理想，特别是在全国的占比还在逐年下降，增速排名也在下滑，主要城市的竞争力也不够强。

东北振兴"十一五"和"十二五"规划执行也有不足之处。2020年是我国全面建成小康社会和"十三五"规划收官之年，我国脱贫攻坚战略决胜年，也是东北振兴"十三五"规划收官之年。2021年是我国第一个百年奋斗目标的实现之年，如果再往后推到2023年，是东北振兴战略提出20年的时间点。站在这样一个特殊的历史交汇口，我们应该更加深刻地认识到东北振兴的重要意义，以及实现这一战略目标的紧迫性和艰巨性。

二、东北产业结构调整面临的困难

产业结构调整一直是东北振兴战略的重要内容，党中央国务院对于东北地区产业结构的调整，方向一直是很清晰的，要求是很明确的。特别是在2016年就提出要加快构建“战略新兴产业”和“传统制造业”并驾齐驱、“现代服务业”和“传统服务业”相互促进、“信息化”和“工业化”深度融合的产业发展新格局。但是，东北三省传统制造业和战略性新兴产业的发展仍有不小的差距。

东北三省的工业增加值同比增速整体上低于全国水平，研发投入强度一直低于全国水平，从而制约着新兴产业的发展。另外，从现代服务业和传统服务业情况来看，东北三省的现代服务业发展水平也亟待提升。

东北三省的第三产业比重总体上是低于全国水平的。2018年，全国各省份现代服务业发展水平排名中，辽宁排名第十五位，还算理想。但是，黑龙江和吉林分别排在第二十名和第二十三名，都处于中等偏下水平。

东北三省的金融服务业发展，也比较令人担忧。自2006年以来，东北三省的贷款余额和保费收入虽然有所增长，但在全国的占比却出现小幅下降，而东北三省的不良贷款率是高于全国水平的。

近期我们一直强调资本市场在经济发展中的枢纽作用，从资本市场来看，东北三省的国内股票筹资额自2016年以来是逐年下降的，在全国的占比也呈下降趋势。上市公司数量虽然有小幅增长，但在全国的占比也是明显下降。东北三省整个金融现代服务业、金融服务业发展状况都不太理想。从信息化和工业化深度融合角度来看，东北三省的融合情况也低于全国水平，除了辽宁和全国水平比较靠近之外，吉林、黑龙江都明显低于全国水平。

在百年未有之大变局大背景下，既要认识到东北振兴所面临的重大发展机遇，同时也要注意到所面临的巨大挑战，特别是境外政治经济环境复杂多变，国际贸易保护主义、逆全球化、“去中国化”，再加上新冠肺炎疫情的影响，复杂的国际政治环境为东北地区的发展带来了更多的不确定性因素。

另外，从国内来看，东北的振兴和发展也面临着日益严峻的竞争形势。京津冀协同发展战略、长江经济带发展战略、粤港澳大湾区建设、长三角一体化等发展战略，可以说都是以“快进”速度建设的，这在很大程度上与东北地区发展形成一种竞争关系。在人才、资本和技术的争夺方面，对东北形成了很大的压力，所以我们一定要充分地认识到这种挑战的严峻性。

三、对东北产业结构调整的建议

如何做好下一步东北地区的产业结构调整？我认为，还是要紧紧围绕东北的优势和特色，认真谋划好、推进好东北地区的产业结构调整。具体来说：

一是要大力发展现代农业，提升粮食生产的核心地位，把中国的饭碗端好、端稳。东北地区是中国的“黑土地”资源，要大幅度提高农业生产规模化、专业化和标准化水平。

二是要发挥好东北老工业基地的优势，持续深耕高端装备制造业。特别是高铁、核电、特高压、燃气轮机、航空发动机、汽车、船舶及数控机床等，将东北的优势充分地发挥出来，让东北的装备来装备全国，走向世界。同时也要积极把握好未来的趋势，高效布局好以新能源、新材料为特点的新兴产业。

三是要积极发展好现代服务业，提升服务效率和质量。要特别着重做好三件事情：第一，要大力发展以航空物流、软件外包、工业设计、会展服务等为核心的现代服务业。第二，要切实提升金融服务业水平，扭转当前金融服务业持续下滑的发展态势，确保“金融助振兴”有行动、见成效。第三，要积极发挥衍生品市场优势。东北地区唯一的商品交易所——大连商品交易所——现在已经形成了多元开放的新格局，目前正在朝着国际一流交易所目标迈进。东北三省要积极推动大连商品交易所早日建设成为全球重要的大宗商品定价中心和风险管理中心。

同时，要想尽一切办法来帮助和支持产业企业，利用好期货期权等衍生品市场，管理好价格波动的风险，实现生产经营的稳健运行。

四是要发挥好东北区域的文化优势，发展好特色文化旅游产业，包括生态旅游、工业旅游、文化旅游以及特色旅游等。

为做好产业结构调整大课题，东北地区一定要花大力气来打造良好的营商环境，真正把资金、人才等生产要素吸引来、留下来，将其利用好、功能发挥好。世界银行今年刚刚发布了全球主要经济体的营商环境排名，中国的排名相比上年有了大幅度提升，排名第三十一位，上年排名第四十六位，提高了十五位，中国已经连续两年跻身世界营商环境改善步伐最快国家前十名经济体行列，应该说中国总体的营商环境正在改善中。但是也要看到，东北地区的营商环境情况还不够乐观。根据万博新经济研究院发布的《后疫情时代中国城市营商环境指数的评价报告》，2020年大连、沈阳、长春和哈尔滨的营商环境指数排名分别为二十四名、二十五名、三十名和三十四名，都居于中下游水平，且其中大连和沈阳排名还有所下降，长春和哈尔滨有所上升。在这样的形势下，我们一定要增强服务意识、提高办事效率、加强基础设施建设，力争形成让中国乃至世界为之一振的良好营商环境，大力地、大量地吸引资金、吸引技术、吸引人才。

东北振兴不仅事关1亿东北人民的福祉，也事关全国经济健康发展和转型大局，一定要坚定必胜信心，准确地把握发展环境，把握好机遇，更要认清挑战，立足东北的优势，发挥好东北的特色，尽早将东北这片“黑土地”变成“热土地”，努力为实现东北全面振兴，全方位振兴和高质量发展做出积极贡献。

东北地区的产业结构调整与空间布局优化

肖金成
中国区域科学协会理事长、国家发展和改革委员会国土开发与地区经济研究所原所长

产业结构调整对一个区域的发展至关重要。一般来讲，产业结构应该是从低度向高度发展，比如说从“一二三”到“二三一”，再到“三二一”，农业社会第一次产业占比最高，工业社会第二次产业占比最高，后工业社会第三次产业占比最高。这是三次产业结构的调整过程，一般到了第三个阶段，现代服务业的占比较高，这个过程被称为产业结构高度化过程。这是一个国家或一个较大的区域才有的演进过程，而一个较小的区域如一个县或一个乡未必按此过程演进，如一个农业县，没有多少工业，一个乡没有多少服务业都很正常。但一个较大的国家乃至较大的区域，偏离了这个路线或超越了这个阶段，就可能不正常。

当前，对于产业结构调整的关注主要是在工业领域，比如说东北，过去是重化工业为主，包括装备制造。东北地区的装备制造业很发达，基础也很好，但是后来受到市场的冲击，产业结构调整迫在眉睫。对于东北能不能大力发展轻纺工业的问题，前些年有些争论，有人说东北很难发展轻纺工业，因为国有企业在东北占比很高，国有企业主要发展重化工业，而民营企业发展不足，所以轻纺工业很难发展起来，这是把结果当成了原因。

我认为，在东北这样一个很大的区域，什么产业都可以发展，发展什么产业对东北都是有利的，不是说发展什么产业不发展什么产业。东北地区的产业发展涉及恢复问题、重建问题和大力发展问题，而不是争论发展哪一种产业不发展哪

一种产业。东北地区钢铁业、化工业都可以发展，还有哪一种产业不可以发展？关键是哪些产业可以发展起来。高科技产业是所有地区都致力于发展的产业，全国每个地区每个城市都想发展，但恰恰高科技产业不是哪个城市想发展就能发展起来的。因为高科技产业的发展需要具备很多条件，我们可以把支持的重点放在发展高新技术产业上，但是也不要说其他产业可以不重视，不需要发展，实际上对东北地区来讲什么产业都应该发展，因为只有产业发展了，经济增长才能加快，经济才能繁荣。

相比东北的产业结构调整，我认为更重要的是空间结构调整。首先，对东北的空间结构进行重新认识。东北已形成两大城市群：一个是辽中南城市群，另一个是"哈长"城市群。全国十五个城市群，东北就有两个。为什么能够形成两大城市群？是因为东北有四大都市，从南向北分别是大连、沈阳、长春、哈尔滨，这四个都市的人口都超过三百万，四大都市之间的距离也不远。以四个都市为核心形成了四个都市圈：大连都市圈、沈阳都市圈、长春都市圈、哈尔滨都市圈。都市圈与周边的城市圈形成了耦合关系，拥有共同的腹地，城市之间的联系很密切，城市群就形成了。都市圈是城市群的核心部分，有了都市圈才有城市群。

当城市发展到都市的规模，产业结构的高度化就变成一种现实需要。因为都市不仅意味着城市规模大，也意味着产业链比较长，所以应重点发展现代服务业，把产业链条延伸到周边，把低附加值的产业转移到周边，城市功能向外扩散，周边的中小城市和小城镇才能得到发展的机会。日本丰田汽车的生产基地在名古屋市，但零部件生产分布在200千米范围内。如果长春汽车厂也把零部件生产布局在周边城市，周边城市就会得到发展的机会，长春汽车厂的生产成本也会降低。

2019年，国家发展和改革委员会发文提出建设现代化都市圈，东北地区应当将这四大都市圈的规划建设作为重点任务，在"十四五"期间全面展开，也就是要发挥都市圈的引领、辐射、带动作用。如果沈阳都市圈的核心城市沈阳发挥辐射带动作用就可以辐射到四平，长春都市圈的核心城市长春也可以辐射到四平，四平就可以接受沈阳和长春两大都市的辐射，四平的发展就可能加快。2019年，我到四平调研，发现这个城市受到两大都市的挤压，要素被两大都市吸引走了，当两大都市变极化效应为辐射效应的时候，四平就可以左右逢源，就有发展的机会。四平发展了，东北两个城市群就变成一个城市群，那就是东北城市群。城市群数量并不是越多越好，实际上城市群数量多表明城市群不可能很大，因为很大了就会和另一个城市群融合。所以，东北在空间上应该是一个城市群——东北城市群，这样的规模和范围就有希望跻身于世界级城市群。都市实力不强，影响力不够，对周边的辐射带动力也不够，在四平形成了两个城市群的断裂带，在这种情况下谈世界级城市群还尚早，需要练内功，增强竞争力、辐射力、带动力、影响力，不久的将来，世界级城市群的目标就能够实现。

另外，除了四大都市圈、两个城市群之外，东北的沿边地区有希望发展成为一条沿边经济带。这个沿边经济带由黑龙江的黑河到辽宁的丹东，中间有几个城市：伊春、佳木斯、牡丹江、鸡西、鹤岗、白山等，这些城市基础都不错。未来要利用两大市场——国内市场和国际市场，两种资源——国内资源和国际资源，把沿边城市发展起来，让它有一定的规模，一定的实力，沿边经济带就能形成。所以，东北的空间结构最后就是“一群一带”，这样的格局非常有利于东北地区产业的集聚和经济的发展，最后实现经济的繁荣。

发展数字化制造
塑造东北地区制造业新优势

周建平
国家发展和改革委员会振兴司原司长

东北地区是我国工业的摇篮和重要的装备制造业基地，“一五”期间我国

156项重点工程中约三分之一项目落户在东北，形成了以装备制造、能源、原材料为主的战略性产业和骨干企业，拥有一批关系国民经济命脉和国家经济安全的产业，资源、产业、科教、人才、基础设施等支撑能力较强，发展的区位空间和潜力巨大，在我国经济发展大局中举足轻重，为我国形成今天门类齐全、独立完整的工业体系，为改革开放和社会主义现代化建设做出了历史性贡献。

2014年以来相当长一个时期，由于受世界经济下行风险不断加大的影响，经济发展的不确定性、不稳定性因素增多，加之东北经济发展中本身存在的体制机制改革不到位，经济结构优化步伐过于缓慢，对外开放深度广度欠缺，思想观念陈旧等“四大短板”的制约，东北经济仍处于转变发展方式、优化经济结构、转换增长动力的爬坡过坎关键时期，发展不平衡不充分问题仍然突出。特别是在当前受到新冠肺炎疫情和经济下行的双重影响，如何进行疫情防控并统筹发展经济，以数字化制造引领东北装备制造业高质量发展，形成新时代东北全面振兴、全方位振兴新优势，是当前和“十四五”时期东北经济发展迫切需要解决的问题。

一、发展数字化制造是增强东北地区制造业新优势的必然选择

数字化制造是以信息和知识的数字化为基础，以现代信息网络为主要载体，运用数字化、智能化、网络化、绿色化技术来提升产品设计、零部件供应、制造、营销、售后服务在内的全新制造方式，包括数字化设计、数字化工艺、数字化加工、数字化零部件供应、数字化装配、数字化管理、数字化营销反馈等。随着我国5G、云计算、物联网、大数据、人工智能等新技术的兴起和广泛应用，数据资源日益成为关键的生产要素，数字化制造也成为推动制造业发展的质量变革、效率变革、动力变革的重要力量。当今受新冠肺炎疫情影响，全球经济复苏乏力，寻求发展的新增长点已经成为世界诸多国家和地区、行业的首选，特别是

疫情期间数字经济异军突起，亮点纷呈，表现出来的诸多优势，与传统制造业需求不足、危机四伏的低迷状态形成了强烈反差，其强劲的发展势头令世人瞩目。

二、发展数字化制造是增强东北地区制造业新优势的重要抓手

当前全球信息化进入全面渗透、跨界融合、加速创新、引领发展的新阶段。国内经济发达地区，均在加快推进信息化和工业化深度融合，充分发挥信息化对全要素生产率的提升作用，加快本地经济向经济形态更高级、分工更优化、结构更合理转变。

（一）发展数字化制造是推进传统产业改造升级的重要途径

在当下东北传统制造业低成本比较优势逐步丧失、竞争力不强、市场占有率不断下降的大背景下，要想增强东北传统制造业发展质量，重塑制造业优势，加快发展数字化制造，加紧推动制造业的数字化转型是唯一正确的选择。

（二）发展数字化制造也是提高制造业生产效率的重要手段

数字化制造以生产要素的数据化为依托，以工业互联网为载体，企业可充分利用社会上各类资源和要素，整合优化各类资源和要素，整合优化产品和工艺设计、原材料供应、产品制造、零部件社会化协作供应、市场销售和售后服务等主要产业链各环节，大量节省各环节之间衔接的时间，提升资源配置的时间和效率，从而大大提升传统制造业的效益和竞争力。

（三）发展数字化制造是推动制造业结构优化升级的重要路径

数字化制造的本质，就是提高信息与知识要素在整个制造体系中流转的速度，以此来促进地域空间分工细化与区域间工作效率的提升，优化区域间的分工结构，进而实现区域间产业结构的转型升级。因此，数字化制造不仅可以加快钢铁、石化、纺织等传统产业的工艺技术改进，丰富产业功能，提高产品附加值，而且可以显著加快企业技术创新的步伐，加快新产品的研发速度，大大缩短科技成果转化和产业化的生产周期。

（四）发展数字化制造是培育制造业发展新动能的重要内容

以海量数据互联和应用为核心的数据化制造潮流，正在全面推动我国经济发达地区制造业发展新动能的快速增长，网络化协同制造、个性化定制等制造新模式、新业态层出不穷。从经济发达地区相关省市发展的实战结果看，数字化制造能够促进制造业产业链各个环节的高度融合，形成新的数据变现模式，促进新产业、新业态、新模式的涌现，为制造业高质量发展带来新活力。

三、东北地区发展数字化制造具备一系列有利条件

东北老工业基地现有的庞大制造业产业规模，为数字化制造发展提供了实战的空间和平台。东北作为我国重要的老工业基地，具有相当数量的传统制造业企业，也是为数不多的制造业门类最为齐全的地区，但与我国经济发达地区相比，制造业的数字化改造还处于早期阶段。截至2018年年底，我国制造业企业生产设备数字化率大约为45.9%，数字化设备联网率大约为39.4%，与发达国家比还是比较低的。而东北的老企业多，这些年经营困难，生产设备更新慢，生产设备的数字化率更低。未来，无论是传统产业的技改升级，还是发展新兴产业，都将对数字化制造有巨大的市场需求。

快速发展的新型基础设施建设，又为数字化制造发展提供了强大的支撑。今年，我国为有效应对疫情对我国经济社会发展带来的影响，把5G、人工智能、工业互联网等新型基础设施建设作为当前重中之重的工作来抓。2019年，新型基础设施投资超过2万亿元，预计“十四五”时期将保持20%的年均增长率，仅国内三大运营商5G总投资额预计将达到1 650亿美元。我国有移动电话基站841万个，光缆线路总长达4 750万千米，固定互联网宽带接入用户达4.49亿户，4G用户达12.8亿户，如何有效推动传统制造业与新型基础设施相结合，打造联通全国制造业的人、物、信息交流网络，从而有效降低发展数字化制造的成本，成为

发展数字化制造不可或缺的重要基础设施保障。

四、准确把握好数字化制造发展的着力点

发展数字化制造，必须始终坚持问题导向、效果导向，找准东北老工业基地传统制造业发展数字化制造的着力点，精准施策。

（一）着力强化数字基础设施对发展数字化制造的支撑作用

数字化制造通过对相关信息资源的识别、选择、过滤、存储、使用、引导，从而实现信息资源快速优化配置与再生。加快传统业态下的设计、研发、生产、经营、管理等方面的变革，用以支撑数字化制造的发展。而东北地区现有的数字基础设施尚无法满足物联网、互联网、车联网、智能遥测感知等应用的需求；同时，东北不少地方还不同程度地存在数据采集不规范、数据更新机制不及时的问题，无法保障数据的准确性、真实性、实用性等，可用性较差，开放和流通程度较低，缺乏权威的数据开放目录，现有数据资源价值尚未充分释放和应用。这是下一步发展数字化制造需要着重解决好的问题。

（二）着力促进数字化、智能化技术与传统制造业的深度融合

建立东北老工业基地制造业新优势，必须加强传统制造业与数字技术协同发展的理论研究，把握二者融合发展的技术安排和路径演化，厘清传统制造企业数字化转型的发展机理，找出二者协同发展过程中存在的主要问题和技术难点，通过相关安排，不断提升传统制造业的创新能力，从而实现传统制造业数字化的转型发展。

（三）着力强化数字技术对传统制造业的渗透力

数字化制造是释放数字技术对制造业发展的方法、叠加、倍增作用的重要基础；是提高东北老工业基地传统制造企业市场竞争力的重要技术支撑。一方面，要对传统制造业进行全方位、全角度、全链条的数字化改造，推动传统制造业体系重构、流程再造，形成新的价值创新、价值获取和价值实现模式；另一方面，

注重促进制造业产业链和价值链的升级，更好发挥数字经济对传统制造业转型升级和高质量发展的带动作用。

（四）着力加强有利于数字化制造发展的制度安排

从制造业企业层面来说，要加快工业互联网平台支持体系建设，以提升工业互联网核心软硬件创新能力为引领，突破底层操作系统、工业大数据、平台管理、核心工业软件、智能传感器、建模分析等关键核心技术瓶颈，加快工业互联网平台建设和应用推广，形成多层次、系统化的平台发展体系，促进制造业全要素连接和资源优化配置。从东北各级政府职能部门来说，要加快完善数字化制造发展的政策体系，健全和完善适应数字化制造新技术、新业态、新应用、新产业发展的政策法规，深化“放管服”改革，推动从以往只注重政府的监管，向社会协同治理转变，为数字化制造发展提供更加优越、便利、和谐的政策环境。

更为关键的是，东北各级政府，要注重和加快制定数据采集、共享开放、确权、流通、交易、安全等诸多方面的相关制度安排。从法律层面来说，确保信息资源共享、知识产权申请与保护，从推进机制、政策扶持、人才引进、监测评估、开放合作、数据安全等方面，加强对数字化制造发展的法律法规规范和政策协同保障，全面构建适合数字化制造在东北老工业基地创新发展并不断成长壮大的生态体系。

以东北亚区域合作为抓手推进产业结构调整

柴海涛
商务部国际贸易经济合作研究院国家高端智库专家咨询委员会委员、原院长

一、后疫情时期经济全球化将出现什么变化

任何一次危机都意味着新的结构调整开始。这次新冠肺炎疫情对世界经济的冲击超出了许多机构原先的预判。世界银行最新预测，2020年全球经济增长将下降5.2%，是第二次世界大战以来程度最深的衰退。经此一疫，经济全球化的发展趋势将出现若干新特点。

（一）中美两国战略竞争的新格局已经基本形成

疫情凸显了当前国际经济分工体系和全球产业链供应链的脆弱性，使得各国对产业链供应链安全性、稳定性的担忧明显增多，客观上迎合了美国试图重构全球化模式的战略导向。美国推动全球产业链“去中国化”，欧洲、大洋洲、亚洲日本等一些国家正在逐步跟进。当然也要看到，我国经济已经深深融入全球化进程，与各国特别是发达国家在双边、区域、多边和全球层面有很多利益交汇点，只要我们坚定不移地实施扩大开放战略，维持中美关系“斗而不破”的可能性还是存在的。

（二）经济全球化仍将在曲折中继续前行

近半个世纪以来，世界主要经济体已经深深嵌入全球化的分工体系中，跨国

投资最重要的决策依据，遵循的仍然是全球产业布局、科技吸收能力、基础设施完备程度、生产销售和运输交付渠道便捷等逻辑和路径，各国经济几乎不可能脱离全球市场独立存在。例如，中美两国分别是全球最大的汽车和飞机生产国与消费市场，零部件供应分布于几十个国家的数百家供应商，各国依然需要参与全球化分工来提高生产效率、推动经济发展。2008年金融危机期间，各国纷纷出台提高关税、进口管制、反倾销、政府补贴、货币贬值等保护主义措施，但过十年，甚至二十年后再看，总体上各国限制措施是减少的，反对贸易保护主义依然是当前大多数国家的共识。

（三）全球产业链供应链将适度调整和分化

世界贸易有三分之二是通过全球产业链形成的。此次疫情造成产业链部分链条和环节断裂，下一步会发生什么情况？

一是供应链布局的短距化。疫情过后，各国会采取一些举措，缩短供应链长度，减少外部依赖。跨国公司的供应链布局，也将更多地考虑缩短供货商和消费者之间的距离。

二是产业链布局的区域化。减少中间品的跨洲制造环节，建立地理区位相近、互补性较强的闭环供应链，将成为各国有意识的举动。欧盟已经是一体化最为成熟的地区。东亚供应链在疫情中表现稳定，东盟开始超过欧盟成为中国第一大贸易伙伴，中日韩之间的区域合作还大有潜力。美加墨新自贸协定的签署，北美地区供应链本地化趋势将进一步发展。有学者认为，美国、欧洲、亚洲三大区域，构建各自闭合完整的价值链体系的驱动力正在增强。

三是服务业分工的国际化。产业链变化的机遇将出现在服务业方面。制造业服务化和服务业产业化，服务业和服务贸易在全球产业链中的黏合作用越来越大。目前服务贸易的增长速度已经超过货物贸易。WTO全球贸易报告认为，数字技术、人口变化、收入增长和气候变化四大领域将催生未来全球产业链的新业态和新需求。

二、东北地区与周边国家经贸合作有哪些吸引力

东北地区是中日韩战略对接的重要载体，拥有良好的经济合作基础和条件。2019年12月，三国发布《中日韩合作未来十年展望》，表示将从长远角度和战略高度规划“中日韩+X”合作。日本“八大领域经济合作”规划和韩国“新北方政策”，为东北地区加强区域合作提供了新机遇。

（一）区位优势与物流吸引力

东北地区地处东北亚核心区域，北接西伯利亚，南抵中国内陆并联通太平洋，西由蒙古国通往中亚，东邻朝鲜半岛和日本海，具备陆海内外联运条件，是我国向东北亚开放的重要门户，是联通中朝韩日俄蒙的重要枢纽，可成为日韩企业辐射蒙、俄远东市场的重要国际产业合作基地和物流枢纽。东北地区中欧班列深入欧洲腹地，已发展出“长满欧”“沈满欧”“哈欧”等成熟的中欧班列品牌。绥芬河出境口岸为日韩企业提供了通往欧洲国家的铁路运输方案，比传统海运节省了约20天时间。在全球疫情蔓延的背景下，班列开行数量仍保持了稳定增长。

（二）毗邻国家要素禀赋互补吸引力

在资金和技术方面，东北老工业基地产业结构的转型升级，与日韩较为先进的技术和较多的对外投资资本形成互补。资源导向是资源能源匮乏的日韩企业开展海外投资的重要原因之一，东北地区及毗邻国家丰富的资源储备，如朝鲜的煤、铁、铜、金、银、菱镁矿、石墨，蒙古国的焦煤、铁矿石、铜金粉，西伯利亚地区的石油燃气等，对日韩极具吸引力。东北地区处于区位核心，以自身优势产业基础与毗邻国家开展产能合作，大大提高了与日韩合作的聚集力和吸引力。

（三）产业基础和人力资源储备吸引力

东北老工业基地具备门类齐全的工业体系，包括汽车、石油、木材、重型装备、钢铁等传统和优势产业集群，是中国最大的重化工和装备制造业基地，也是全国农业机械化发展水平最高的区域之一。尽管东北地区近年来人口流失较为严

重，但根据贸促会《2018年度中国营商环境研究报告》，东北地区仍具备较好的人力资源环境，在熟练劳动力、中高层管理人员、创新创业人才的可获得性方面位居前列。

（四）开发未来消费市场吸引力

东北地区与日韩的经贸往来历史悠久，民间往来密切，市场潜力很大。朝鲜族与韩国语言相通，文化风俗相似，有赴韩务工传统；东北是国内日语学习人数分布较多的地区之一。日本协力银行2019年对海外制造业调查报告显示，日企对未来3年东北地区的消费市场看好，希望扩大现有销售机构，实现业务扩张。

三、以东北亚区域合作为抓手推进产业结构调整

今后一个时期，以区域合作为特征的经济全球化趋势明显。东北地区应抓住《中韩自贸协定》升级、中日韩自贸区谈判、《区域全面经济伙伴关系协定》（RCEP）的合作机遇，以开放促改革促发展，借势推进产业结构调整，进一步打造区域经济融合的利益共同体，推动我国在亚洲地区的产业链供应链完整与效率提升。

（一）积极扩大从日韩进口

中美贸易摩擦为区域经贸合作提供了填补真空的机会。从近年来国际贸易趋势看，区域间贸易正在起到其他国的贸易转移效果。日本企业问卷调查显示，今后一至两年，日企对东北地区扩大机械、化工、生活用品、食品领域的出口意愿较高。韩国企业正在积极行动，期冀扩大通信技术产品对华出口。柔性OLED、系统半导体、3D打印机、电子医疗器械等，是韩国优势产品，东北地区扩大进口的举措，可以向内地市场辐射，形成与国内经济带南北互动的联动效应。

（二）积极引进高端制造业投资

日本长期重视高附加值和新技术产业的海外投资，韩国积极发展创新驱动型经济，集中力量重点培育非存储器半导体、人工智能、氢能源汽车等高端制造业投资。东北三省在制造业领域有一定产业基础，正处于产业转型的关键时期，应加大对高附加值和新技术企业的招商引资力度，带动日韩跨国公司加大资金、技术投入，推动新一代信息技术、高端装备、新材料、新能源、新能源汽车、节能环保和数字创意等战略性新兴产业落地，重塑产业链，释放新活力。

（三）积极推动服务业合作

随着我国服务业对外开放，中国与日韩在金融、旅游、教育、信息通信网络，以及数字经济、人工智能等新技术服务贸易领域的合作空间进一步拓宽。《中韩自贸协定》第二阶段谈判聚焦两国服务贸易各领域合作，韩国在旅游、教育、视听、航空运输服务等领域对外国市场开放较大，同时也对我国在降低市场准入门槛方面抱有较高期待。日本的医疗产业、生物制药、健康食品和养老产业进入我国市场的积极性较高，仅2018年就有三家日资企业参加大连市的养老产业设施建设。2019年底，韩国韩亚银行宣布将在长春建立东北总部，加深金融领域合作。

（四）发挥对外开放平台作用

建议结合“十四五”规划，建立协调机制，统筹设计东北地区与日韩经济合作产业规划，紧密衔接三省次区域沿海与腹地之间的联系，形成统一对外的产业集群和开放平台。以推进《中韩自贸协定》第二阶段谈判为契机，对标高标准自贸协定规则，推动筹建中韩、中日韩国际合作示范区。在自贸试验区中对日韩可以先行降低市场准入门槛，推动货物、服务、投资的自由化和便利化。

东北地区产业结构调整的思路与对策

梁启东
辽宁社会科学院副院长

2018年9月，习近平总书记到东北考察，并在沈阳召开座谈会，发表重要讲话，全面系统、高屋建瓴地对东北振兴指明了方向，明确了发展路径。对于东北振兴发展，习近平总书记用了五个安全，即能源安全、产业安全、粮食安全、生态安全和国家安全作为定位。这一全新的定位改变了过去就产业发展谈产业发展，就经济振兴谈东北振兴的问题。从这个视角出发，东北振兴绝非仅是一个产业振兴的简单问题，实际是东北如何高质量发展的问题、如何全面发展的问题。在这个精神指导之下，我们理解东北振兴，应该有一个全新的视角。

习近平总书记谈到东北存在的问题，即四个短板：体制机制短板、经济结构短板、开放合作短板、思想观念短板。这四个短板就是东北问题的“病灶”部位，是“病根”。习近平总书记就此开了六个“药方”，提出了东北未来振兴发展的六项重点工作，即改革，加上创新、协调、绿色、开放、共享。按照这六项重点工作的要求，东北振兴就是要做好六篇文章：第一要做好深化改革的文章；第二要做好创新驱动的文章；第三要做好协调发展的文章；第四要做好绿色发展的文章；第五要做好开放合作的文章；第六要按照共享的要求做好保障民生的文章。

下面将从区域结构调整的角度，讨论产业结构如何调整优化升级的问题。我认为，东北振兴发展的本质是完善体制机制，东北振兴发展的主线是结构调整，东北振兴发展的要求是全面，东北振兴发展的条件是开放，东北振兴发展的力量是靠自己，东北振兴发展的关键是优化环境。

对于东北的产业结构调整，应该有一种全新的思路。习近平总书记针对此问题，强调要以培育壮大新动能为重点，激发创新驱动的内在动力。习近平总书记的逻辑起点没从老的地方说起，而从新地方说起。说明东北产业发展的新增长点还没有系统形成，靠的还是老产业，比如钢铁、煤炭、水泥、建材、玻璃、石化。“四多四少”就是东北产业的真实写照，传统产业多、新兴产业少；低端产业多、高端产业少；资源型产业多、资本科技密集型产业少；劳动力产业多，高附加值产业少。

按照习近平总书记的要求，我认为东北的振兴要做以下五项工作，即处理好五个关系。

一、虚和实的关系

实体经济是现代经济体系的根基。习近平总书记指出：实体经济体经济的发展直接关系到国民经济的发展，国家综合实力和竞争力是国民经济的命脉，东北老工业基地是靠实体经济起家的，新一轮振兴发展也得靠实体经济。目前，东北出现了经济衰退、经济下滑的现象。东北经济衰退，关键是工业衰退；东北经济下滑，关键是工业下滑；东北竞争力不强，关键是工业竞争力不强。因此，从方向来看，东北的经济发展关键是工业的发展，要强化工业竞争力。

就对口合作城市（省份）来看，南北方相比，沈阳对北京、大连对上海、辽宁对江苏、浙江对吉林、广东对黑龙江，现在工业上的差距还比较大。辽宁本来是工业大省，但谈不上工业强省。经济总量低，尤其是关键工业总量低，工业竞争力明显下降，需要我们思考如何把实体经济做大。

在这点上，我认为问题很多，其中很重要的一点是资本市场的扭曲。虚拟经济过度的结果就是“泡沫经济”。树要有根，不是吊在天上，而是植根于地下。

企业得有实业，不能仅仅靠资本运作；房价不能永远地无边无际涨下去，泡沫总有破的那一天；虚拟经济不是神话，而必须立足于现实。没有实体经济做支撑，虚拟经济只能像浮萍一样，没有着落，没有方向，四处飘荡，因此，从中央到地方，一定要向实体经济倾斜，让实体经济赚钱，让工业赚钱，这样工业才有希望。

二、新和旧的关系

处理好新和旧的关系，就是要处理好传统产业与新兴产业的关系，抓新是大方向。东北作为老工业基地，近年来经济发展困难，支柱性的传统产业衰退，传统动能也衰退，而新动能、新产业没有发育起来，所以目前东北地区正处于新旧动能转换的青黄不接期。这个时候，老化的供给创造不了新的需求。所以振兴的要义是发展新产业、培育新动能。就像一台“老车”，仅仅加点油、加点水不行，需要大修。东北振兴，需要换“发动机”！

在操作上，东北如何抓新？重点是三个领域：新产业、新业态、新模式。2019年，“三新”的产值达到16.2万亿元，占全国GDP的16.3%，已经成为新的经济增长点。然而，“三新”在东北的发展都不太好。如何把产业做好，实际就两条：一个是“无中生有”，一个是“有中生新”。要做好“无中生有”的文章，就要“寻找蓝海”，加大力度支持新技术、新产业、新产品、新业态、新模式的发展，尽快使新兴产业成为新的支柱产业。“无中生有”不是科幻，也不是魔术，而是通过科学的市场运作，通过寻找蓝海，培育壮大新的增长点。很多新产业、新业态、新模式，都是空地长出来的，都是“无中生有”的。这就是“无中生有”，能够产生非常大的生产效益、经济效益。“有中生新”就是本来有的，要升级，以老带新、以老生新，以增量来激活存量。

三、轻和重的关系

要解决好“轻”“重”之间的关系，把抓轻作为重手段。就重工业与轻工业的比例来看，大体上，黑龙江和吉林是85∶15，辽宁是80∶20。很多城市，像抚顺是93∶7，葫芦岛是90∶10，基本没有轻工业。轻工业吸纳劳动就业能力强，是就业的蓄水池，而且能创造很高的经济效益。为什么留不住就业人口，年轻人选择去南方，很重要的问题是轻工业发展不充分。

东北地区产业结构上的问题，是“四重四轻”：重“重”轻“轻”、重“旧”轻“新”、重“大”轻“小”、重“国”轻“民”。重化工业比重大，轻型工业比重小——轻重比例失衡。轻型产业涉及衣食住用行、娱乐等多个消费领域，是关乎民生民富的综合性产业，是就业的“蓄水池”，在稳定内需、扩大出口、扩大就业、服务三农等方面具有不可替代的作用。目前东北地区的轻型产业与发达地区相比，差强人意。东北各个城市的超市里，很难见到地产品牌。东北地区的产业要由“重”向“轻”转变，轻型产业要“重整行装再出发”。重点是实施“三品”战略，即以“增品种”满足多样化消费新需求，以“提品质”促进有效供给能力提升，以“创品牌”树立东北制造良好形象，争取在副食品、家电、皮革、家具、五金制品等领域形成产业优势，扩大市场占有率，特别是在个性化定制、众包设计、云制造等新型制造模式上实现突破。

东北曾经有很多知名轻工产品，仅辽宁就有200多种全国驰名的轻工产品，但现在所剩无几。这很值得我们深思，很多地方都是重化工业思维，一直把重工业当作优势，当作长项，这实际是我们的特点，并不是优势。我非常同意林毅夫给吉林开的“药方”，轻工业在东北，不是要不要发展的问题，而是要发展多少的问题。应该让轻工业像重工业那样发展，比重要提高。

四、大和小的关系

处理好大和小的关系，把抓小当作大战略。小微企业创业及管理成本低，市场的应变能力强，具有大企业无可比拟的优势。同时科技型小微企业蓬勃发展，是经济增长与社会进步的不竭动力。目前，中小微企业已成为很多地区经济增长的助推器和社会稳定的调节器，成为推动产业结构调整的底层力量。而科技型小微企业迅速发展，其已经成为技术进步中最活跃的创新主体。但和南方一些城市比，东北小微企业层次较低，民营经济的质量和发展水平差距大。大家都希望有大企业，但大企业很难做，怎么办？要重视小企业的发展，中小微企业可以创造就业，是创新科技、创新孵化器、科技创新的发源地。2019年，全国500强的民营企业中，整个东北13家，浙江省最多，138家企业入围，同样的省会城市，杭州最高，55家企业入围，沈阳就1家企业入围。抓“小”，体现的是一种放眼未来的眼界，也体现了慢工出细活的定力。抓经济，既需要抓立竿见影的大项目、大投资，也需要扶持成百上千的小微企业。抓“小”，反映的是一种精神境界，一种创新理念。“亿万千百十，皆起于一。”“小”与“大”，有各自的优势和定位，大项目有大的带动性，小企业有小的辐射力。小企业有大发展，小舞台可以展现大世界。“小”与“大”也是可以互相转化的。

五、加和减的关系

处理好加和减的关系，加减乘除一起做。习近平总书记多次强调：东北振兴，不能再唱“工业一柱擎天，结构单一”的“二人转”，要做好加、减、乘、除“四则运算”。就是既要做靠投资拉动扩大总量的“加法”、淘汰落后产能的“减法”，也要做创新驱动的“乘法”、简政放权提高市场效率的“除法”。东北地区产能过剩是多年的痼疾，尤其是支柱产业过剩严重。所以一定要痛下决心，做好“减法”的文章。在实际工作中，要在“三个字号”上下功夫：改造升级“老字号”、深度开发“原字号”、培育壮大“新字号”。东北应吸取前10年的教训：钢铁好，使劲上钢铁；煤炭好，上煤炭；化工好，接着上化工，结果产能过剩了，亏损了。很重要的问题就是一定要瞄准市场需求，按照市场需求办事，要做减法。

市场没有永远畅销的产品，要让产品适应市场，不能让市场适应产品。结构调整必须“喜新厌旧”，既要做加法，又要做减法。对于传统产业，也要“老中生新”，就是以老带新，以老生新，以老变新，以增量带动存量，对传统产业“挖潜开荒”，改造升级，推动其向高端化、低碳化、智能化方向改造。有的时候削减产能要克服“囚徒困境”，产能适当的退出，也是一种进步。那么什么叫作减法？就是人无我有、人有我多、人有我强、人强我优、人优我转，就是要“喜新厌旧”“吃着碗里看着锅里”“要吃一看二眼三”，一定瞄准市场需求来解决加减乘除的问题。

第六篇

新基建与东北产业结构升级

对新型基础设施建设的浅见

龚克
世界工程组织联合会（WFEO）主席、中国新一代人工智能发展战略研究院执行院长、南开大学学术委员会主任

现在“新基建”已经变成一个热词。规划、部署和实施“新基建”的一个非常重要的前提是要正确认识“新基建”。

从词义上看“新基建”。新型基础设施建设，实际上是“新型”“基础设施”“建设”三个词的组合，我们常用的“新基建”，实际上就是三个词的词头。顾名思义，这三个词组合起来，其中最基本的名词是“基础设施”，“新型”是“基础设施”的定语，“建设”是关于“基础设施”的动名词。因此，理解“新基建”，要从“基础设施”入手。

一、基础设施

“基础设施”，是为社会生产和生活提供基础性支撑服务的工程设施，也是整个社会赖以生存和发展的基本物质条件。“基础设施”可以做各种各样的分类，例如，按地域可以分为农村基础设施、城市基础设施；按空间领域可以分为地面和地下基础设施、空天基础设施和海洋基础设施，将来甚至可能还有深空基础设施和深海基础设施。从性质上讲，大体上把它分为生产性基础设施和社会基础设施，且两者并非截然分开，有很多交叠之处，例如，供水，生产要供水，生活也要供水；供能，同样一个电网既给生产也给生活提供电能。

“基础设施”通过“新型”加以形容，就是“新型基础设施”。那么，它到底“新”在什么地方？

二、“新型”基础设施

现在谈得比较多的是内容意义上的“新基建”，即基础设施的新内容。比如国家有关文件列举的高压输电、充电桩等。这些新型基础设施，从内容上看，有与新能源有关的发电、输电、储电、配电的基础设施，也有与新一代信息技术相关的计算、传感、通信、存储的基础设施等，形式多样。在不同部门的文件中，说7类、8类、9类的都有，各有不同侧重。我们要透过它的字面，看清楚它的本质。我认为，“新”的更重要的意义在于基础设施的新特征，即要透过各式各样的具体设施的内容看到“新基建”的本质特征。

从特征上看，“新基建”的本质在于“三化”，即数字化、网络化、智能化。“三化”又分成两个方面：一方面是数字化、网络化、智能化的基础设施，如超级计算的设施，支撑智能应用的智能云设施等；另一方面是基础设施的数字化、网络化和智能化，例如，“电网”是一个已有的基础设施，那么“电网”基础设施如何实现数字化？如何实现在信息意义上的网络化？以及如何在此基础上实现智能化？又如，“水网”是已有的基础设施，现在要实现水网的数字化、网络化和智能化，实现水资源的安全、可靠、高效的配置和供给。“数字化、网络化、智能化”，才是“新基建”最重要的特征。

这个特征带有鲜明的时代特点。在时代的意义上，“新基建”实际上是人类社会基础设施的新发展。展开来说：

从人类历史来看，人类社会基础设施的发展是随着生产力的发展而发展的。谈到“新基建”或者“新型基础设施”，实际上是运用、适应和支撑新兴生产力的新基础设施，这是它“新”之所在。

进而，从新兴生产力的意义来理解“新基建”。当今世界，科学技术是第一生产力，数字化、网络化、智能化相融合的新一代信息技术，是这一代科学技术的突出代表。用习近平总书记的话来讲，它具有“头雁效应”。因此数字化、网络化、智能化的基础设施和基础设施的数字化、网络化、智能化，是新型基础设施的根本要义。

再进一步，从生产力角度看，新型基础设施根本在于体现新兴的生产力，这个生产力是数字化、网络化、智能化的生产力。从这个意义上讲，就是要特别重视信息网络在“新基建”中的连接作用。具体来讲，网络空间基础设施（cyberspace infrastructure），可以把现存的各种基础设施连接和汇聚起来。因此，建议在“新基建”中重视抓网络化，一方面它牵引各类基础设施的数字化，另一方面它又支撑各类基础设施的智能化。

三、新型基础设施“建设”

现在我们来看“新基建”的“建设”。我认为，“新型基础设施”的“建设”要在市场经济的框架内实施和运行。这就是说，要深化面向社会主义市场经济的体制机制改革，这种改革本身是要建立新兴生产力所要求的新型生产关系，这是新兴生产力的必然要求。如果没有与新兴生产力相适应的新型生产关系，也不可能顺利地实现“新基建”。所以，“新基建”要与市场经济的完善相适应，要让市场在资源配置中起决定性作用。

另外，“新基建”要全面适应可持续发展的要求。今天，世界已经从工业化阶段走到了后工业化阶段，要向可持续发展转型。全面地适应可持续发展要求，包括包容性、多样性、均衡性、坚韧性，特别是与自然环境的和谐性，这就要求我们深入贯彻五大新发展理念，即创新、协调、绿色、开放、共享，这些理念一定要在“新基建”中得到充分的体现。

综上所述，对“新基建”的认识归结为三点：一是“新基建”的核心要义在于“三化”，即建设数字化、网络化、智能化的基础设施和推进基础设施的数字化、网络化、智能化；二是“新基建”要贯彻创新、协调、绿色、开放、共享的新发展理念，要服务于可持续发展的目标；三是“新基建”要与深化改革同步进行，服务于完善社会主义市场经济。现在“新基建”为各级政府高度重视，一定要坚持实事求是地按照规律办事，防止过度的政治化以及“政绩化”，导致“新基建”偏离市场经济发展的规律。

东北农业产业结构升级

李春生
第十三届全国人大农业与农村委员会副主任委员、中国供销合作经济学会会长

产业结构升级是产业结构调整，即产业结构合理化、高级化的一个重要内容，是产业结构从较低级形式向更高级形式转化的过程。经过多年发展，我国农业产业，无论内涵，还是外延，都得到前所未有的发展，它的规模、质量和效益都上了一个新的层次和水平。我国粮食生产多年稳定在1.2万亿斤以上，农产品加工主营业务收入达22万亿元，乡村休闲旅游营业收入超过8 500亿元，农林牧副渔辅助性活动产值6 500亿元，其中农村生产性服务业收入超过了2 500亿元，农村网络销售额达1.7万亿元。但我国农业产业发展仍面临着一些不容忽视的问题和挑战，如产业链条还比较短，产业的门类不多，产业发展的质量效益还不高等。由此可见，农业产业结构升级，是现阶段农业产业进一步完善提升、加快发展必须解决好的一个关键问题。

东北（黑龙江、吉林、辽宁三省）农业在我国农业发展中具有举足轻重的地位。东北三省拥有辽阔富饶的土地资源，有我国唯一的一片黑土地，也是世界三

大黑土地之一，区域内松嫩平原、三江平原、辽河平原发展农业产业具有得天独厚的优势和条件。东北三省耕地面积4.13亿亩，占到全国耕地面积总量的20.4%，粮食年产量超过2 700亿斤，占到全国年粮食总产量的21%，是我国名副其实的重要的粮食生产基地。作为国家粮食的生产基地，东北农业产业结构升级应紧紧围绕种植业粮食生产，以粮食等农副产品为中心节点，努力延伸产业链条、加快推进与相关产业融合发展，不断形成产业发展的新业态、新模式、新动能，努力打造综合性、复合型的农业现代化产业。

一、应注重做好种植业结构的调整

种植业结构调整既要保障粮食的总量安全，也要保障粮食供给与市场需求相匹配、相适应。我先举一个例子，由于这些年我国农业种植业结构不尽合理，导致一些耕地资源低效或无效使用，如稻谷连年增产，生产大于需求，连续7年生产大于需求超过300亿斤，同时，各种渠道进口的低价大米冲击国内市场，库存超储严重，由于超期储存，有些稻谷品质已经下降，做不了口粮，用作饲料和深加工又不划算，形成很大的价差亏损，这种费力没效果，还要花大钱填窟窿的发展是不可持续的！因此，东北农业种植应立足于市场需求进行合理的调整和布局，努力提供优质小麦、玉米，扩大市场短缺的油料大豆等农作物的种植面积，合理调减稻谷的种植面积，使种植业生产既要保障粮食总量安全，又要符合市场需求。

二、应注重粮食等农副产品的加工业特别是精深加工的发展

这方面东北三省已经做得很好，如黑龙江省出台了黑龙江农业和农产品精深加工万亿级产业集群建设行动计划，吉林省出台了吉林省人民政府关于加快促进农产品加工业和食品产业发展的意见，辽宁省编制出台了辽宁省农产品加工集聚

区发展规划。继续围绕“粮头食尾”“农头工尾”，做实、做精、做强粮食等农副产品加工业，特别是精深加工业，增加高品质、多功能性、高附加值的产品，延伸产业链条，提升价值链，打造供应链，深度挖掘农产品的价值，真正使东北粮食等农副产品资源优势转化为经济优势。

三、应注重畜牧业等养殖业发展

东北三省应充分利用草场资源丰富、饲料资源充足、生态环境良好的优势和条件，继续加大畜牧等养殖业的发展。黑龙江、吉林有世界公认的奶牛养殖黄金带，辽宁多年来畜牧业每年均以两位数增长，是农村发展最快的产业。东北做强、做大养殖业产业有条件、有基础。

四、应注重农业产业之间以及农业产业与相关产业之间的融合发展

通过产业的联动、要素的集聚、技术的渗透、业态的创新、体制和机制的创新等，将人才、资本、技术等资源要素进行跨产业集约化配置，形成东北农业产业发展的新势头，加快推进农业产业结构升级，推进农业产业发展上层次、上水平。如农业+林牧渔，形成综合种养业；农业+加工+流通，形成复合型农业；农业+文化+旅游+康养等，形成创意型农业；农业+信息产业，形成智慧型农业等。

五、应大力推进科技创新、技术研发，推动新品种、新技术、新装备的应用

利用好新基建的机会，推动5G、大数据、人工智能等先进技术的应用，为农业产业结构升级和发展提供科技支撑；同时，大力培育、引导龙头企业等社会经营组织参与，形成产业发展有力的经营主体；大力培育合作社等合作经营组

织，形成产业发展的组织载体；大力推动农业现代产业园区、农产品加工园区等建设，形成有效的产业融合载体；大力创建、培育知名农产品品牌，以品牌战略引领农业产业结构升级。

要实现这样一个局面，政府的作用是不可或缺的。

第一，统筹衔接好横向、纵向的规划、方案，综合利用好各方资源，配置好相关资源要素，制定好当地农业产业发展规划，统筹兼顾，充分发挥好政府与市场两方面的作用。农业农村的弱质性，决定了农业产业发展离不开政府的组织和引导，但也必须遵循产业发展的规律、市场的法则。哪些应该由政府去做，哪些应该由市场来做，都应厘清，切实提高产业发展的质量和效益。

第二，建立健全切实管用的保障农业产业发展的政策。东北是我国粮食重要的主产区，目前，我国75%以上的粮食产量、80%以上的商品粮都来自粮食主产区。应完善相关政策，给予东北粮食生产充分的支持。加大中央财政对东北三省均衡性转移支付的力度，加大对种粮大户的补贴，加大财政对产粮大县的奖励力度，给予足够的利益补偿；积极探索建立跨产、销省区的利益调节机制，让粮食生产有足够的回报；同时，对东北发展农业畜牧业等养殖产业、农业与相关产业融合发展给予必要支持。

第三，应强化政府部门的联动效应，搭建起公共的信息平台，实现多环节、跨部门组织协调，统筹利用好相关方面的资源，形成工作合力，为促进东北农业产业稳定、可持续发展提供可靠的保障。

东北新基建要充分调动民间投资的积极性

庄聪生
全国工商联原副主席、全国政协参政议政人才库特聘专家

新型基础设施建设作为数字经济、智能经济、生命经济这些人类未来文明的技术支撑，除了本身将带来数额巨大的投资需求外，还将通过数字技术产业化、传统产业数字化、研发创新规模化产生不可估量的叠加效应、乘数效应，不仅有利于促进战略新兴产业和我国经济高质量发展，也对短期内实现稳投资、稳增长、稳就业具有重要作用。

民营经济是我国经济活动的主要参与者、技术进步的主要推动者，在信息、数字与智能等新兴产业领域有着自身的优势，对于推动我国经济社会发展具有十分重要的作用。在大力加强新基建、助推东北地区产业结构转型升级过程中，要引导和鼓励有意愿、有实力的民营企业积极参与，让新基建在推进新时代东北全面振兴中充分发挥作用。

2020年以来，由于新冠肺炎疫情在全球蔓延扩散，造成国内消费下降、外贸出口减少，扩大投资成为稳增长的重要方面，其中基础设施领域投资已成为必要选项。新基建可以通过投资的拉动和辐射作用，促进东北地区产业结构转型升级，特别是在新冠肺炎疫情和经济下行双重压力下，新基建是稳经济的关键着力点，可以起到压舱石的作用。

近年来，东北地区着力推进结构调整，新兴产业快速成长，服务业和战略性新兴产业比重稳步提高，但仍然面临传统产业转型升级步伐较慢、新动能不足等

问题。特别是东北地区重工业和能源原材料产业比重较高，这些产业在近年我国经济转型升级的过程中受到的冲击较大。同时，东北地区战略性新兴产业以及基于互联网的新兴产业规模较小，发展进程慢。加大新基建投资，通过基础性要素的改进和完善，可以促进东北地区产业结构转型和经济发展模式转变，特别是新基建有利于助推传统产业数字化，形成具有颠覆意义的产业互联网。

在数字经济时代，数字化转型是必然的要求和发展方向，其离不开新型基础设施作为支撑。没有基础设施作为保障条件，数字化转型目标难以实现。这次疫情虽然给我国经济造成巨大冲击，但也倒逼产业结构转型升级。疫情期间，线上消费场景不断丰富，新技术、新业态、新服务、新模式应运而生，大数据、人工智能、云计算等数字科技大显身手。疫情深刻改变了各行业对数字化的态度，数字化从“可选项”一夜之间变成了商业竞争的“必选项”，数字化进程被按下了“快进键”。随着疫情被有效控制，我国将进入数字经济发展的全新时代，人们的生活和工作方式也将朝着更加数字化、网络化、智能化的方向发展。新基建一端连接巨大的投资与需求，另一端连接着不断升级的消费市场，不仅有利于对冲新冠肺炎疫情造成的不利影响，更能寻找到新的增长点，有效应对经济下行压力和疫情带来的冲击。

新基建作为一项系统性工程，绝非政府一己之力可以完成，需要汇聚各方智慧和力量持续推进，特别是在东北地区加强新基建、推动产业升级的过程当中，要充分发挥好民间投资的作用：

第一、要引导民营企业增强投资东北地区新基建的信心。

前些年，民营企业在转型升级过程当中面临着许多痛点、难点和堵点，2020年又叠加了疫情的强烈冲击，这些困难和问题叠加在一起，使民营企业遭受到改革开放以来最严峻的挑战。当前，许多民营企业家思想上充满了疑虑、迷茫和困惑，民间投资普遍出现方向不明、意愿不强、动力不足的问题，投资跌到了近几年来的低点。据了解，东北地区的民间投资一直低于全国民间投资的平均水平。在这种情况下，要引导东北地区民营企业冷静地看待困难，认识到挑战只是暂时的外部冲击，改变不了中国经济稳中向好、长期向好的基本趋势，改变不了中国经济增长潜力足、韧性强、回旋空间大、政策工具多的特征，民营企业可以继续在我国经济社会发展特别是新基建中大展身手。

第二、东北地区新基建要谨防挤出民间投资。

历史的经验教训表明，各级政府一拥而上发展“传统基建”或者某一产业时，往往容易引发产能过剩凸显、政府债务风险不断加剧、挤出民间投资等问题。因此，东北地区在发展新基建过程中，要未雨绸缪，谨防老问题特别是挤出民间投资问题的出现，充分发挥民间投资的作用。相对于传统基建，新基建具有技术含量高、升级速度快、商业模式相对不成熟等特点，必须与市场、企业的需求契合起来。所以，新基建应由市场来主导。同时，虽然新基建与传统基建同样具备较强的公共产品特性，但其建设和发展的核心在于技术创新，而企业是技术创新的主体，因而需要更多的企业尤其是在数字经济领域具有优势的民营企业参与进来，充分调动民营龙头企业的专业能力、创新能力和市场应变力，形成“共建、共商、共赢”的合作生态。

第三、东北地区新基建要确保政策“落地不空转”。

过去，东北地区在引导民间投资发展“传统基建”的过程中，经常出现政策不落实或落实不到位、落实走样的“最后一公里”问题，严重挫伤了民间投资的积极性。比如，在投融资方面，有的金融机构对民营企业惜贷、不敢贷甚至直接抽贷、断贷，造成企业流动性困难；在安监、环保等领域具体执法过程中，出现简单粗暴、搞“一刀切”或“切一刀”的做法。政策空转不落实，营商环境自然就会打折扣，民间投资就会低迷。所以，确保政策兑现不空转，是东北地区加强新基建、推动产业结构转型升级必须高度重视的一个问题。在推动新基建中，不仅要发挥好“国家队”作用，还要注意引入民间投资，形成多元化的投融资体系，加快推进政府和社会资本合作融资模式，全面打通和拓宽民间投资、民营企业进入新基建领域的渠道。

目前，政府和社会资本合作融资模式仍是民间资本、民营企业进入公共领域的最主要模式。在项目支持方面，可以进一步缩短立项、审批流程及政府和社会资本合作融资模式项目入库流程，降低民营企业参与基础设施和公共服务项目的时间成本、资金成本。同时，通过产业基金、专项债等形式更快速地为项目提供资金，减轻民营企业因自有资金不足而不敢参与业务竞争的困扰。

总之，政策千条万条，没有落实就等于打了白条。要把中央支持民营经济发展各项政策落地、落实、落细，让民间投资真正在参与东北地区新基建中，增强政策获得感。

科技创新是东北振兴的重要抓手

余健
科学技术部战略规划司原副司长（正局级）

习近平总书记对科技创新的重要论述是做好东北振兴工作遵循的基本原则，习近平总书记强调“当今世界，谁牵住了科技创新这个‘牛鼻子’，谁走好了科技创新这步先手棋，谁就能占领先机、赢得优势”。抓住了就是机遇，抓不住就是挑战。李克强总理也十分关注新一轮科技革命和产业变革，新一轮科技革命和产业变革的孕育兴起具有极大的冲击力，正在给人类社会带来难以估量的作用和影响，引发未来世界经济政治格局的深刻调整，并可能重塑国家竞争力在全球的位置，颠覆现有很多产业的形态、分工和组织方式，实现多领域融通，重构人们的生活、学习和思维方式，乃至改变人与世界的关系。这其中既蕴含着重大机遇，但也存在巨大的不确定性。这是李克强总理对科技革命和产业变革的深入思考。

新一轮科技革命和产业变革的趋势有六个特征：一是重要科学领域从微观到宏观各尺度加速向纵深演进，科学发展进入新的大科学时代；二是前沿技术呈现多点突破态势，正在形成多技术群相互支撑、齐头并进的链式变革；三是科技创新呈现多元深度融合特征，人－机－物三元融合加快，物理世界、数字世界、生物世界的界限越发模糊；四是科技创新的范式革命正在兴起，大数据研究成为继实验科学、理论分析和计算机模拟之后新的科学研究范式，科研体系向“开放科学”转型，产业范式向网络化、智能化的系统演进；五是颠覆性创新呈现几何级渗透扩散之势，以革命性方式对传统产业产生“归零效应”；六是互联网是新基础设施、大数据是新生产要素、云计算是新服务模式、智能化是新发展动能。我们要牢牢把握新一轮科技革命和产业变革的特征。

经过改革开放40多年的发展，我国科技整体水平处于从量的积累向质的飞跃，从点的突破向系统能力提升的重要时期。2019年，全社会研发经费支出2.17万亿元，创新指数位居世界第十四位，研发经费投入强度达到2.19%，超过欧盟15国2.1%的平均水平。我们国家的研发经费投入总体上排，世界排第二位，研发人员总数达419万人年，7年居稳世界第一。理工科大学毕业生数量世界第一，是美国的8倍。2019年科技进步对经济增长的贡献率达到了59.5%。在专利领域，2019年我国发明专利申请量达140.1万件，发明专利授权45.3万件，专利申请和授权量位居世界第一。其中，国际专利申请量5.899万件，超过美国，跃升世界第一，有效发明专利保有量超过166.2万件。国际科技论文数量连续10年稳居世界第二，2019年“自然指数”显示中国是全球高质量论文第二大贡献国。

中国在全球创新格局中的位置显著提升，我国科技创新能力的提升受到了国际学术界的高度重视，成为全球第二大高质量论文贡献国。中国在全球创新格局中的位置显著提升，在全球创新版图中的影响力大幅提升。

国家创新能力大幅跃升。2019年7月24日，世界知识产权组织（WIPO）在印度新德里发布了2019年全球创新指数排名，中国的排名从2018年的第十七位提升到第十四位，排名连续4年上升。

我国的创新体系建设加快完善。一是有一流的高新技术企业，二是有一流的高校，三是有一流的科研机构。全国现有高等院校共计2 845所，其中一流建设高校42所，一流学科建设高校95所。科研机构共计3 002所，其中中央直属科研机构618所。全国高新技术企业总数超过13.6万家，其中，独角兽企业164家，瞪羚企业2 576家。另外，由6个国家研究中心、503个国家重点实验室、346个国家工程技术研究中心、32个国家临床医学研究中心构成梯次布局。

习近平总书记非常关心中国的科技创新事业的发展，亲自谋划，提出和推动了三大科创中心建设：一是北京要打造全国科创中心；二是上海要建设具有全球影响力的科创中心；三是粤港澳大湾区要打造国际科创中心。

振兴东北是党中央国务院的战略部署。2009年9月，国务院出台《关于进一步实施东北地区等老工业基地振兴战略的若干意见》。这是继东部沿海的发展、西部大开发之后，被形象地称为中国区域经济协调发展的“第三步棋”。

东北与全国其他城市群状况对比。通过比较可以看出，地区生产总值总量差距比较大，特别是人均地区生产总值，京津冀已经达到了7.6万元，长三角地区达到了11.7万元，粤港澳大湾区达到了15.5万元，而东北三省人均地区生产总值仅为4.65万元，差距比较大。特别是在主要产业领域，东北三省的产业结构还是偏重以装备制造业、冶金化工、石化、农产品等为主，在新一代信息技术、生物医药等方面尚未形成有竞争力的产业布局，跟京津冀、长三角和粤港澳地区相比，还是偏重传统工业。

2019年，与国内主要省市——北京、上海、天津、广东——的创新能力比较，东北三省在研发投入总量、投入强度方面差距还是比较大。首先，从研发投入强度占地区生产总值的比重角度来说，北京已经达到了5.76%。天津是2.63%，广东是1.96%，上海是3.11%，而东北三省创新投入强度最高的是辽宁省，也仅为1.64%，吉林省不到0.84%，差距比较大。其次，从科技企业孵化的数量角度来看，东北三省也比较少，包括众创空间数量等，差距比较大。

关于东北三省产学研协同创新体系。一是高等院校数量，辽宁省115家，吉林省62家，黑龙江省81家。二是高新技术企业，辽宁省3 658家，吉林省893家，黑龙江省1 141家。三是科研单位，辽宁省35家，吉林省104家，黑龙江省141家。通过创新体系的比较，可以看出，整个东北三省高新技术企业的数量偏少。与发达地区相比，特别是与京津冀、长三角、粤港澳地区相比，差距仍较大。

要振兴东北，就要坚定不移地贯彻落实党中央、国务院决策部署，不断创新思维和行动，完善区域战略和空间布局，巩固和提升全国最重要商品粮食生产基地、重要林业基地、能源原材料基地、机械工业和医药工业基地的地位和功能，加快推进智能制造产业发展，构建高质量发展新动力源，为实现中华民族伟大复兴和“两个一百年”奋斗目标做出新贡献。

提速新基建建设　激活高质量发展源动力

洪京一
中国电子学会副秘书长

新基建主要包括5G网络、人工智能、工业互联网、物联网、数据中心等领域，本质上都是新一代信息基础设施。与传统“铁公基”相比，新基建内涵更加丰富，涵盖范围更广，更能体现数字经济特征。因此，新基建带来的发展机遇，不在基建本身，而是数字化、智能化的升级与经济社会转型需求的叠加，是时与势的结合。

首先，新基建是拉动投资的新抓手。以工业互联网为例，当前国际领先工业互联网平台的连接设备数量已达到1 000万台，而我国主要工业互联网平台的平均设备连接数正在迈向百万级，处于快速增长期。假如每台设备的维护费降低一点、使用效率提升一点、加工产品质量提高一点，所产生的效益将非常巨大，很多中小企业也将从中受益。因此，工业互联网不但能拉动相关投资，而且能催生巨大市场，提升经济的发展水平。据麦肯锡预测，2030年，5G、工业互联网、人工智能将带来全球30万亿美元的经济增长。2020年，工业互联网对我国经济的贡献度也将达到万亿元人民币。

其次，新基建是催生新消费的源动力。未来，随着新基建的陆续投入使用，将使从车联网、L4级自动驾驶到远程手术、家庭服务机器人等许多智能化蓝图变为现实。那时，智能网联汽车、各种智能硬件将进入寻常百姓家，在提高民众生活质量方面发挥重要作用。因此，新基建将是催生"智能消费"的源动力，而且将推动消费的全面升级。

再次，新基建是构建新生态的孵化器。云计算、物联网、5G的融合发展，使人工智能的云边融合特性越发明显。一方面，云服务成为获取人工智能能力的主要途径，具体表现为各科技巨头公司都选择将AI客户引入云端平台，比如亚马逊AWS、微软Azure、谷歌云、阿里云。另一方面，边缘计算推动了分布式人工智能的兴起，从而使智能传感器、智能摄像机、可穿戴设备等智能硬件组成了庞大的物联网系统，而整个系统的AI赋能还要由云计算来完成。这种人工智能在云端和边缘端融合发展的态势，将催生许多新生态体系。

最后，新基建最终将形成国家竞争新优势。新基建催生的新行业、新业态、新范式将在工业、农业、交通、医疗、教育、金融、国防等几乎所有领域改变人类社会的组织运作模式，从而全面提升一个国家的综合国力，最终重构全球的政治版图。

发力新基建是立足当前，应对疫情冲击、促消费、稳增长的有效手段，更是面向长远，构筑数字经济创新发展之基、谋取未来国际竞争优势的关键之举。但推动新基建建设，应尊重市场规律、尊重经济规律，一切从实际出发，有序推进。

第一，构建国家级大数据管理、服务和安全体系。孤立、分散、封闭的大数据资源现状，不但制约着数据的高效利用，还带来了数据主权和数据安全等问题。因此，应构建跨层级、跨地区、跨系统的国家级数据平台，彻底解决数据“孤岛”问题。加强数据确权与数据资产方面的法律制度顶层设计，构建数据开放共享机制；加强机理模型、数据价值挖掘、标识解析等关键技术攻关，以及区块链在数据确权、确责和交易中的应用，确保数据价值有效释放；开展数据应用试点示范，加速应用模式迭代创新。

第二，构建创新规范的新基建投资体系。新基建的技术性和专业性决定了其兼具市场不确定性以及由此带来的投资风险，因此应采取多样化的投融资方式推动新基建建设。一是赋予数据资产以实体资产的属性，如允许中小企业以其设备数据、生产数据、管理数据等经营数据作为银行贷款抵押物等；二是支持发行新基建专项债券，或开展以项目资产为支撑的证券化融资，如支持符合条件的新基建企业在资本市场上发行各类债券；三是鼓励地方产业引导基金、私募产业基金投资新基建项目；四是利用好PPP模式，鼓励具有技术能力的中小民企、外资企业参与新基建。

第三，构建城乡统筹的新基建体系。我国城乡区域发展差距较大，此次新冠肺炎疫情更是暴露出了城乡管理能力，特别是应对公共卫生危机能力薄弱的问题。新基建无疑是实现国家治理体系和治理能力现代化的技术支撑，同时也是打赢当前脱贫攻坚战的重要武器。如新基建支撑下的智能农业、产地直销、智慧旅游、远程教育、远程医疗等业态，在极大程度上促进了信息、知识、教育、医疗等资源的普及，既可为贫困地区创造“授人以渔”的发展机遇，又能保障其不再返贫。因此，应加大5G网络的城乡全覆盖建设，提升与城乡统筹发展相关的大数据使用效能，最终实现消除贫困、共同富裕的伟大目标。

第七篇

金融科技助力东北振兴

发挥金融科技优势 让金融“活水”直达实体经济

宋慧中
中国人民银行沈阳分行副行长

一个地方经济要发展，离不开资金，离不开金融的支持。东北振兴的重要问题之一就是资金问题。从现实看，最突出的矛盾是一系列好的政策在落地时往往存在断点盲点，无法直达企业。为了解决这一问题，各级政府和中国人民银行都做了积极的努力和探索，如组织银政企对接，即企业提需求，银行出产品，政府出政策；有的探索各部门间信息共享，解决困扰企业融资时信息不对称的问题，如沈阳、鞍山、营口、铁岭等地中国人民银行分支机构与当地政府有关部门合作，建立融资平台等，在一定程度上缓解了部分企业融资难问题。但对数以万计的企业，特别是小微企业的需求而言，仍是十分有限的。传统的机构对机构、人与人面对面对接的方式遭遇天花板，已经很难适应和满足现实的需要。

实践证明，打破这个天花板，传统方法无能为力，必须依靠科技进步，依靠金融科技，特别是网络与大数据技术。在这方面，一些银行已经做了很好的探索。如：建设银行在全国、平安银行在广东都进行了尝试；地方法人银行，如辽宁振兴银行、铁岭银行也开始了这方面的探索，开发了软件，搭建了系统。这些银行在金融科技方面探索的特点是紧盯服务实体经济，紧盯解决小微企业融资难融资贵焦点、难点和痛点问题。

从中央银行的角度，我们希望各家金融机构在合规和风险可控的前提下，多做一些这样的尝试与创新，以更有效、快捷、便利地解决信贷资金直达企业的问题，提高货币政策传导效率。

围绕金融科技助力东北振兴这个主题，从东北来看，目前首先要解决以下三个层面的问题：

一是各地的经济结构和经济环境是不一样的，要充分用好当地资源，减少资源浪费，降低市场运行成本，离不开顶层设计。例如，打破公共信用信息资源的条块分割，解决政策信息、产业信息、企业信息碎片化问题，都需要通过顶层设计解决信息共享的断点与盲点。政府掌握的信用信息需要政府通过顶层设计，根据市场需求，统筹规划，搭建一个统一的共享平台，以便高效、便捷地为市场主体服务。就东北而言，政府要在减少干预的同时，提供更周到的服务。金融科技要发挥作用，尤其需要政府提供良好环境。

二是金融机构要发挥市场主体作用。金融科技的核心是通过现代科技手段，解决传统方法无法解决的金融发展与运行的难题。否则，就只能是昙花一现，没有存在的意义。如何用好金融科技，关键是金融机构要主动，要有金融科技的意识。金融机构没有自觉的行动，靠非金融机构推动会出现两个问题：第一是传统金融机构的市场份额会萎缩；第二是金融科技的运用会很艰难。因此，发挥金融机构市场主体作用会起到事半功倍的效果，有利于加快东北振兴的进程。

三是要紧盯实体经济。东北振兴一个不可忽视的问题是中小企业、民营企业发展滞后。在传统金融运行环境下，中小企业、民营企业自身增信实力和外部增信能力薄弱，很难支撑企业发展。中小企业、民营企业发展薄弱，为大企业的配套跟不上，大企业也发展不好。因此，振兴东北，不能忽视中小企业、民营企业。金融科技通过大数据技术可以在相当程度上解决中小企业、民营企业发展中融资难、融资贵的问题，有利于筑牢东北振兴的基础，进而推动东北振兴。金融科技助力东北振兴，应牢牢把握住这个方向。

东北经济振兴离不开金融科技赋能

宋效军
中国建设银行研究院副秘书长

振兴东北经济在全国有高度共识，不管是国家战略指引、产业政策引导、人才吸纳，还是科技创新、资本市场支持、银行服务，对于具体方向可以说仁者见仁，智者见智。我认为，可以概括为“三要三不要”。

一、要认识和发挥优势，不要强调补短板

东北首先是国家重要的农业基地和粮食基地，具备丰厚的土地资源优势。东北地势平阔，土壤条件优越，具备像美国那样现代化农业大生产的先天条件。东北地区（包括辽宁省、吉林省、黑龙江省和内蒙古自治区东北部）耕地面积4.49亿亩，占全国耕地面积的22.19%，且耕地质量等级为1~3级的达2.34亿亩，占东北耕地总面积的52%。东北三省人均耕地面积约3亩，是全国人均耕地面积的2倍多。2019年，我国粮食总产量66 384万吨，人均粮食产量仅为0.47吨，东北三省粮食总产量1.38亿吨，占全国粮食总产量的20.8%，人均粮食产量1.28吨。相较而言，美国亚利桑那州等人均粮食产量高达2.5吨，如果达到美国平均水平，意味着增产100%。可以说，东北地区三农事业的发展与我国粮食安全问题息息相关，更关乎我国经济发展的根基。自新冠肺炎疫情暴发以来，粮食安全问题受到中央的高度重视。习近平总书记在吉林考察时也强调，要把发展农业科技

放在更加突出的位置，大力推进农业机械化、智能化。

东北还是重工业基地，作为“共和国长子”，改革开放前东北对全国经济发展贡献颇大。今天，站在“双循环”和“中美脱钩”等大背景下，东北应该给予产业升级、数字化转型战略重视和资源支持。比如做优做强“超大型制造”“化工医药”等传统产业，只要是属于国家未来需要、国民经济必不可少的，东北都应承担。“共和国长子”有能力做好基因传承。

木桶理论是说容量由最短的那一块板子决定。40多年市场经济改革实践证明了东北存在短板——“大数据、云计算”“集成电路、芯片制造”“智能制造”，但是这些产业需要巨大的投入成本，无法在短期内筹集这么多资金，不如深入发展自己的优势产业——做“大国重器”“天下粮仓”。

二、要深化、延伸产业链，不要另起炉灶

有人说东北搞农业发达不了，这种观点并非完全正确。以色列以弹丸之地发展农业，成为世界上农业高度发达的国家。我国是全球人口第一大国，粮食需求量大，粮食进口需求量在1亿吨以上，粮食安全问题已引起国家的极大重视。解决之道在于加快东北农业现代化建设。目前，东北地区农业的现代化科技水平和美国相比仍有较大差距，当务之急是要加快东北地区农业现代化建设，提升产业链水平，深加工精加工，加速推进产业的转型升级。提高粮食产能不仅有利于东北自身经济的发展，对保障我国粮食安全更是意义重大。东北农业发展需要装上“科技大脑”，以科技创新和技术进步引领产能提高；粮食是食品、药品、化工原料等的基础，其他地方发展需要运输进口，成本高，还要受制于人，东北可以在本地进行深加工。完善产业链建设，使产业链向第二、三产业延伸，不仅可以促进粮食深加工、带动产业结构升级，还能带动电商平台、现代物流等相关产业发展，从而实现人民财富实实在在的增长。

三、银行要科技赋能、开放加持，不要贪大求洋

振兴东北经济，离不开银行支持，更离不开金融科技。作为国有大行，建设银行积极助力东北乡村振兴战略，借助金融科技力量，升级打造“裕农通”乡村振兴服务平台，解决东北三农领域的痛点难点问题，如黑龙江分行推出的“智慧乡村”平台。“智慧乡村”联合政府部门、企业和高校，组成300多人研发攻关团队，历时5个多月，打造了全国首个以金融科技+农业大数据为核心的“智慧乡村”农村金融服务平台及一系列助农惠农产品，于2018年底正式上线运营。2020年新冠肺炎疫情发生以来，该平台对黑龙江农业复产提供了极大支持，开启绿色通道，使农贷资金方便快捷、源源不断地通过手机“云端”流向田间地头。截至2020年6月，“智慧乡村”平台累计投放的农贷资金已超过160亿元，1万多个农村普惠金融服务点实现了“裕农通·村村通”。“智慧乡村”项目之所以敢大胆简化放款流程，关键在于对金融科技和大数据的应用，打破信息“孤岛”，联通各方数据，使每个农民都有自己专属的信用画像。所以银行要更好地发挥金融这把“温柔手术刀”的作用，进一步推动东北地区农业等传统产业的转型升级，要用金融科技加持，以达到金融服务目标所要求的精度和实效。

考虑到东北地区人口流动性加剧和产业互联网的发展，过去那种依靠实体网点“圈地”等待客户上门的金融服务模式已不再适用。开放银行作为一种金融科技创新的新模式，适应了从消费互联网向产业互联网转型的发展趋势。银行应根据客户的需求，联结合作伙伴，打造综合化的金融生态平台，用这种主动开放、主动融入的积极姿态，构建新型银企合作关系，打破金融服务壁垒，发挥长尾客户金融服务的可获得性优势。伴随着数字化进程，银行C端流量已呈见顶趋势，未来更需要在B端重点布局。要依托银行长期积累的客源和产品优势进行资源整合，利用金融科技打通信息流，对产业链上下游企业进行赋能，并联通起B端和C端。最终通过开放式的金融服务平台，实现金融与产业的深度融合，真正回归

金融服务实体经济本源。

在产业互联网平台建设过程中，要重视互联网金融配套基础设施的建设，尤其是统计监测、风险预警、信用信息共享、信息安全保护等平台系统的搭建。通过完善相关的制度、标准、口径、监管处罚规则、技术手段等，保障开放型金融生态平台的健康发展。

金融科技支持东北振兴的发力点

王志峰
腾讯金融研究院副院长、首席研究员

经过多年的发展，金融科技已经成为我国金融领域的一个最重要话题。回顾金融科技发展的整个历程，可以分为三个阶段。

第一个阶段是20世纪80年代开始兴起的金融信息化阶段，其核心特点是以银行为主的金融行业，通过传统的IT软硬件来实现办公和业务的电子化，提高整个企业的效率。此时，IT公司实际并不参与金融公司的业务环节，它要么属于外包，要么只是金融机构内部的一个成本部门。代表性产品包括ATM机、POS机和银行的一些核心交易系统、信贷系统、清算系统的应用。

第二阶段是21世纪初，随着互联网的快速发展，互联网在金融领域的应用也开始逐步推开。尤其是美国，已经开始有一些P2P网贷企业、股权众筹、投顾平台等。国内也是在2000年初，一些代表性公司（比如宜信）率先做起了网络借贷服务。在这个阶段，金融业的核心主要是通过搭建在线的服务平台，通过互联网或移动终端的渠道，汇集海量的用户，实现金融业务中资产的交易端、支付端、资金端等一些组合的互联互通。此时，线上支付得到广泛应用。这个阶段本质上是对传统的金融渠道的变革，实现信息的共享和业务的撮合。

第三阶段是2015年前后，除了互联网在金融领域的广泛应用以外，大数据、云计算、人工智能、区块链等新技术也在改变传统金融的信息采集来源，金融行业运用风险定价模型进行投资决策，通过信用中介提供的信息分析信贷风险。这一阶段，代表性的领域包括大数据征信、智能投顾、供应链金融等。

经过三个阶段的发展，可以看到金融科技从两个维度铺开，一个维度是传统的银行、证券、保险、资管，通过金融创新，开展了像互联网证券、网络保险、网络银行等创新业务；另一个维度是21世纪初开始的一些互联网企业以及科技类企业，借助自己已有的渠道或者技术的优势，进入金融行业。由此也衍生出了两类业务：一类是互联网支付、智能投顾、网络众筹等新的业务门类；另一类是基于大数据、云计算、人工智能、区块链对金融进行科技赋能的业务。

整体而言，在这个发展过程中，传统金融和新金融中间会有很多融合点，类似于互联网证券、网络保险，既是传统的，也是新的金融业态的融合触发点，双方的融合不断加深。在融合加深的过程中，可以看到金融在一些关键的功能性板块，比如风险管理、投融资渠道、基础定价交、易安全等方面，都发生了非常大的变化。

金融科技之所以快速发展，尤其在中国，核心还是传统的“ABCD”，还有人工智能、区块链、云计算、大数据这样一些新兴技术的快速崛起，这些都是整个金融行业发展的核心驱动因素。

基于这一背景，针对东北三省，金融科技究竟怎么样去助推金融发展？我们认为有两个发力点。

第一个发力点是金融科技提升东北中小微企业金融服务水平。谈到小微企业，经常会想到“56789”的概念，也是小微企业贡献了50%的税收、60%的GDP、70%的发明专利、80%的城市就业岗位、市场主体占比超过90%。但是如果从金融维度看，又是另外一个景象，有数据显示，目前小微企业的户均贷款是3.6万元，整体的贷款额只占整个金融机构放贷额的不足40%，而且在这个过程中，80%的小微企业从来没有获得银行的经营性贷款。通过对比可以看到，中小微企业对社会的贡献与其实际获取的融资规模比例失衡，这种失衡在东北地区可能会更加严重。

根据中国人民银行的小微企业融资指数，可以看到小微企业的融资持续低于小微企业对社会的贡献。东北地区又比全国平均水平低约4个百分点。所以，在这种情况下，东北小微企业的融资应该说更加困难。

为什么小微企业融资这么难，我们来分析东北小微企业的特点。以高科技企业为例，东北的高科技企业在全国的占比为4%，甚至比西部地区的12%都要低，比中部和东部要低更多。所以，与其他地方相比，东北地区的一些小微企业的产品附加值不高，外向度较低，竞争力比较弱，这些可能是影响小微企业融资的很重要的原因。

金融科技的发展，实际上除了线上支付服务、个人零售贷款以外，很重要的一点是为小微企业的信贷服务提供了一个非常好的途径和渠道。

由于传统小微企业贷款的数据较少，给小微企业贷款，除了小微企业自身提供的数据以外，还需要去统筹税务、市场监管、司法、征信以及中国人民银行相关的多维数据。但是在传统的模式下，获取这样一些数据的成本相对较高，考虑到小微企业平均融资额低的特点，如果还是通过线下的渠道去获取这些贷款数据，整个贷款成本就会进一步增加，由此使得小微企业的贷款从商业本身来讲是一个很难持续的项目。

在这种情况下，如果将分布在各个不同政府职能部门的数据，通过科技的方式有效地汇集，并在此基础上对小微企业进行更全面的画像，然后再基于画像给小微企业进行差异化的定价，那么就可以很低的成本帮助小微企业获得贷款审批，或者说通过一个很低的成本给小微企业做信用评估，这样就解决了原来小微企业融资难的一个最关键问题。

有了这些数据以后，还可以在贷中、贷后实时跟踪企业的发展情况。一旦出现了风险或者整个经营下行的苗头，可以提前预警，这样也可以为小微企业贷款的贷后管理提供科学有序的依据。从目前来看，实际上各地方已经在归集分散在不同职能部门的数据，随着这些数据的归集，前面讲的这些问题是完全可以解决的，所以这是未来很好地解决东北小微企业融资难、融资水平不高的一个关键突破口。

第二个发力点是金融科技助力化解不良资产，提升资产质量。2019年年末，整个商业银行的不良贷款率为1.86%，对比统计数据发现，工农中建交五大行，在东北地区的不良贷款明显比全国的平均水平高。以交通银行为例，其全国不良贷款率为1.47%，在东三省的不良贷款率为6.5%。如果能够在银行不良资产的处置上，甚至在不良资产还未到不良的阶段，金融科技能够介入整个贷后的管理环节，将有助于提升贷后的管理水平，并且在出现不良贷款后通过金融科技的方式进行有效的处置，进而提升整体风控的效果，降低小微企业的不良资产水平。

近期，市场上出现了很多通过金融科技的方式去做贷后管理或者做不良资产管理的公司。它们在中间运用了各种不同的数据，以及人工智能、大数据、区块链等新技术，有效地提高了不良贷款的回收率。再向前推进，如果能够通过区块链的方式，实时跟踪企业的贷款以及贷后情况，那么将有助于加强贷后管理，进一步减少东北地区的不良资产。

综上，金融科技事实上已经在全面改变整个金融业的图谱。对东北来说最重要的有两点：一是通过科技的方式有效解决小微企业融资难的问题；二是通过科技的方式有效化解整个东北地区不良资产水平高的问题。这对东北金融科技发展和经济发展而言都非常有价值。

金融科技多维赋能东北经济振兴发展

邹帮山
吉林银行首席信息官

当前，面对复杂的国际局势，尤其是中美贸易关系日趋紧张以及新冠肺炎疫情这种“黑天鹅”突发事件，可以说“灰犀牛”和“黑天鹅”都来了，东北经济面临着新的压力。2020年上半年，辽宁和黑龙江的地区生产总值增长率都是-3.9%，吉林较好一些，比全国的平均数要高出1.2个百分点，为-0.4%。由此数据可以看出，东北经济承受了很大的压力，在艰难复兴的基础之上，又新添了很多的不确定性。

如何在这种背景下提升或者寻找新的经济振兴和增长的潜力及动能是当下东北要切实思考的重要问题。金融科技是一个有效的手段，表现在三个方面：一是金融科技既是生产力也是生产关系，它是驱动经济的天然动能；二是金融科技驱动东北经济振兴，要做到立体分层，多维赋能；三是振兴东北经济要充分发挥市场主体的作用，尤其是市场主体的能动性。

一、金融科技是什么

2017年，国际权威机构金融稳定理事会对金融科技做出明确的定义，具体来说就是科技驱动的金融创新，包括新的金融服务模式、金融服务流程，以及新的金融产品。由此可以看到，金融科技的内涵是非常丰富的，它包括的技术内涵有大数据、人工智能、云计算、物联网以及区块链等，同时又不仅仅拘泥于技术，它是一种技术创新或者金融创新，是集金融和科技于一体的创新。

金融科技发展经历了一个漫长的过程，在不同的阶段也呈现出不同的特征。从金融机构来看，自20世纪80年代开始，国内的各大金融机构都纷纷拥抱IT技术。第一阶段是金融IT，也就是从20世纪80年代起到2013年前后，整个产业和政策推进下的金融企业对IT技术的广泛运用，主要特征是实现了传统金融服务的线上化、电子化。第二个阶段是从2013年到2018年前后，是金融和科技密切融合创新的阶段。在这个阶段里，耳熟能详的一些创新产品，包括2013年推出的余额宝，对整个金融领域和产品的创新触动极大，可以说是个里程碑事件。此外，还包括P2P平台、网络贷款、互联网征信等一系列新的金融科技创新产品。2017年可以说是金融科技的元年，在这一年金融科技作为一种全新的名词和内涵呈现在大家面前。到2019年，中国人民银行发布了金融科技的三年战略规划，使整个金融科技走上了全新的发展轨道和规范化，开启了全新的征程。

回头看整个金融科技发展的历程，其实就是金融、科技两者之间交替融合和创新提升的过程。这个融合过程既覆盖了生产力，也覆盖了生产关系。金融科技是生产力，金融是社会资源的再分配，属于市场关系协同的范畴。金融科技具有天然的协同性，这种协同性和适配性跟经济发展具有天然的良性互动，它是推动经济发展的有效手段，要充分利用这种契机，发挥金融科技的天然属性，推动经济发展。

二、东北经济的振兴要通过金融科技进行立体分层的多维赋能

首先要理解金融科技的立体分层概念，从下到上依次把金融科技的发展或者内涵分为三个逻辑层面：第一层是底层，即基础设施；中间层是模式，即模式的创新；第三层是顶层，即产品和服务。

基础设施很好理解，无论是金融的基础设施，还是科技的基础设施，包括大

数据、云计算和互联网等，这些基础设施的能力体现了金融科技的技术支撑能力，尤其是结合当下在推广新基建的过程中，各省都有类似的或者说相应的规划措施出台。吉林省有“761工程”，有大量的新基建投入。在这种新基建的背景下，打造核心的金融科技基础能力，对于整个企业、产业未来的发展都有举足轻重的作用。

中间层模式的创新和优化，其实是通过金融和科技的融合产生出新的业务模式，比如说平台经济、共享经济等。金融和科技的融合，如果跟产业结合就可以产生产业互联网、产业物联网。如果人工智能跟制造业结合，就能产生出智能柔性制造等一系列新的产业模式。

顶层其实不是简单的产品和服务，实际覆盖了供需两端，包括B端的赋能、C端的服务体验的提升等，尤其是在一些创新领域，如零售端，这些产品甚至很难区分出到底是金融属性多一些，还是科技属性多一些。目前央行正在试测的数字货币就属于类似的场景。

有了立体分层，还要进行多维赋能，即金融科技在三个产业的运用。在第一产业，要构建绿色生态农业，离不开互联网，也离不开区块链技术，可以通过区块链技术的可追踪性，通过这种信任机制，实现绿色有机生态商品的追踪，提升商品的品质。在第二产业，在供应链领域，金融科技依然大有作为，通过产业互联网、通过供应链提升整个基础工业内涵，推动基础工业的产业升级，更好地实现从1到N的产业拓展。在第三产业，对于企业来说就是更好地服务消费者，最重要的一点就是要做数字化转型。金融科技可以提升线上的服务能力，尤其是在当前疫情背景下，无接触式的服务、无接触式的消费成为主流。金融科技的服务场景可以遍地开花，像东北的网红经济或者说主播经济非常具有优势，应用前景也非常广泛。

三、东北经济的振兴要重视发挥市场的主体作用

东北经济的振兴要点是为市场主体打造一个良好的、市场化的机制氛围。在东北的市场环境机制不断得以优化和提升的过程中，其中一个很重要的环节是要形成金融科技的生态，形成政府搭台、企业唱戏的金融服务产业链条，这对企业的赋能非常关键。企业的赋能或者说金融科技的落脚点，最终是要贯彻到企业的全生命周期的各个环节。对于一个新的市场主体，企业的培育和孵化离不开金融科技。对于一个成长型的企业，通过金融科技可以实现企业的“数字化+”的提升，充分提高企业的效能。所以，金融和科技分别作为两端，一个在推，一个在拉，通过这种推拉能够提升企业的金融科技赋能的效果。所以，把企业的全生命周期融入金融科技的场景里，或者说把金融科技的赋能贯彻到企业成长的各个阶段，是振兴东北经济的关键所在。

要发挥金融科技的力量，离不开金融科技企业。金融科技企业包括金融机构，也包括科技公司。在新一轮东北振兴中，要利用金融科技赋能，比如吉林银行，积极落实习近平总书记视察吉林的重要讲话指示精神，严格按照吉林省委省政府的工作部署，全力支持“一组六双”的产业布局，在落地“761新基建工程”中，加大产融结合，支持实体经济，把打造一流的数字化银行作为战略部署，积极规划金融科技，并推动金融科技落地，推出了一系列的产品和服务，取得了良好的效果。

东北经济振兴不是一蹴而就的，是一个逐渐提升和逐渐发展的过程，关键要迈出第一步，找到金融科技发力的落脚点，这个非常重要。千里之行，始于足下，能够本着这种精神和态度，东北的振兴指日可待。